Irmgard Griss im Gespräch

mit Carina Kerschbaumer

Irmgard Griss im Gespräch

Gespräch

mit Carina Kerschbaumer

Impressum

Redaktion: Carina Kerschbaumer
Fotografien: Marija Kanižaj: S. 8, 48, 60, 67, 90, 99, 134, 154,
171, 191, Cover-Rückseite; Lilli Strauss (APA): S. 68;
Helmut Fohringer (APA): S. 110–111, Cover
Karikaturen: Petar Pismestrovic: S. 112, 172
Lektorat: Anneliese Kainer

Layout und Umschlag: Ernestine Kulmer/studio bleifrei, Graz
Druck und Bindung: Gorenjski tisk, Kranj, Slowenien

© 2016 Edition KLEINE ZEITUNG
    Anzeigen und Marketing Kleine Zeitung GmbH & Co KG
    A-8010 Graz, Gadollaplatz 1

ISBN 978-3-902819-62-8

Inhaltsverzeichnis

Vorwort

Wer ist Irmgard Griss? Es war nicht einfach, die ehemalige Höchstrichterin zu diesem Buch zu überreden. Zumal sie bereits anderen Verlagen abgesagt hatte. Wie es auch zum Zeitpunkt der ersten Gespräche für dieses Buch, die in Graz, auf dem Bauernhof ihrer Eltern in Bösenbach und in der Schuhwerkstatt der älteren Schwester stattgefunden haben, noch nicht feststand, ob erstmals in der Geschichte der Republik eine Steirerin bei der Bundespräsidentenwahl kandidieren wird. Was auch der Grund ist, warum dieses Buch nicht mit dem Kapitel „Der Sprung in die Politik" beginnt. Denn hinter dem Wunsch, diese Gespräche zu führen, stand zunächst das Interesse, das bislang biografisch Abgedunkelte, die Persönlichkeit und das Weltbild der ersten Präsidentin des Obersten Gerichtshofes und späteren Vorsitzenden der Hypo-Kommission auszuleuchten und ihre außergewöhnliche Karriere nachzuzeichnen. Die Karriere einer Frau, die bis zu ihrem zehnten Lebensjahr auf einem Bauernhof mit zwei Räumen ohne Warmwasser und WC in der Nähe von Deutschlandsberg aufgewachsen ist, als erstes Kind der Familie maturierte, mit einem Stipendium studieren konnte, mit 38 Jahren als Alleinerzieherin ihr erstes Kind bekommen hat, um wenig später von Wien nach Graz in eine Patchwork-Familie mit fünf Kindern zu wechseln.

Die Entscheidung im Dezember 2015, mit 69 Jahren als parteiunabhängige Kandidatin mit Spenden der Zivilgesellschaft bei der Bundespräsidentenwahl 2016 anzutreten, ist zwangsläufig auch Gegenstand dieses Buches geworden. Ist es Langeweile, ist es Ehrgeiz oder die Überzeugung, nach ihren Erfahrungen in der Hypo in diesem Land etwas ändern zu können und zu müssen, die sie motivieren, in den Ring zu steigen? Zweifelsohne ist sie überzeugt von sich selbst und kann auf einen Lebensweg verweisen, der von einem eisernen, fast unbeugsamen Leistungswillen gekennzeichnet ist.

Als Richterin ruft sie in Erinnerung, dass es keine Zivilgesellschaft ohne Rechtsstaat gibt, als Katholikin lässt sie wissen, dass die Einstellung der Kirche gegenüber Frauen unhaltbar und die Ablehnung der Homo-Ehe Ausdruck absoluter Heuchelei sei. Und als Neo-Politikerin pocht sie darauf, dass Populismus kein Monopol der FPÖ sei. In vielen anderen Antworten zeigt sich ihre Sozialisierung als Richterin, die ihr Leben lang alle Seiten abgewogen hat und es konsequent ablehnt, die Welt in schwarz-weiß zu zeichnen. Sie zieht es vor, die Grautöne zu beschreiben, und so wehrte sie sich in all den Gesprächen zu diesem Buch beharrlich, eine der großen politischen Spielregeln zu übernehmen: ein taktisches Verhältnis zur Wahrheit.

Carina Kerschbaumer

Auf der Suche nach Freiheit

Alles, was die Zukunft bringt, ist ungewiss. Jetzt müsst ihr leben. Ein Appell, den Seneca vor 2000 Jahren geschrieben hat und der sich gegen all jene richtet, die atemlos Macht, Geld, Positionen hinterherhetzen und dabei am Leben vorbeileben.
Wo würden Sie sich einordnen?

Griss: Ich habe immer versucht, das, was ich gerade mache, so gut wie möglich zu machen. Ohne zu überlegen, was kann die Zukunft bringen, was kann es mir bringen, wenn ich das gut oder weniger gut mache. Und damit habe ich schon immer das Gefühl gehabt, in der Gegenwart zu leben. Als Richterin habe ich mich immer bemüht, meine Fälle durchzudenken, klar zu sehen, um zu einer Lösung zu kommen. Dass ich weitergekommen bin, weil ich gut gearbeitet habe, liegt in der Natur der Sache, jedenfalls bei Gericht. Mein Ziel war es aber immer, das momentan Anstehende gut zu machen.

Andere in Ihrem Alter sind seit zehn Jahren in Pension.

Griss: Das war für mich nie ein Grund, jetzt nichts mehr zu tun. Meine Schwester ist fünf Jahre älter als ich und arbeitet noch immer in der Werkstätte, in der sie seit 50 Jahren gemeinsam mit ihrem Mann Holzschuhe herstellt. Ich hatte noch dazu das Glück, als Richterin einen Beruf mit größtmöglicher Selbstbestimmung zu haben und hatte nie das Gefühl, meinen Beruf als etwas von meinem Leben Getrenntes sehen zu müssen. Die Probleme, über die ich nachdenken musste, sind nicht um 17 Uhr unwichtig geworden, sie haben mich immer beschäftigt. Eine Trennung von Beruf und Freizeit hatte ich nie und habe ich nie gelebt. Das hat auch in der Pension nicht aufgehört.

Sie haben früher das Gericht mit nach Hause genommen?

Griss: Ich habe es nicht an der Gerichtstüre abends abgegeben. Was sicher eine Rolle spielte, ist der Umstand, dass Richter keine fixen Arbeitszeiten haben und auch nicht im Gericht arbeiten müssen. Ein Richter kann arbeiten, wo er will.

Ein unschätzbares Privileg?

Griss: Als ich in Wien als Konzipientin begonnen habe, sagte mir bereits damals mein Chef in der Anwaltskanzlei: Es ist mir ganz egal, wo Sie nachdenken, ob auf der Schipiste oder anderswo, für mich zählt nur das Ergebnis. Das hat mein ganzes Leben bestimmt.

Das dürfte bei der in Österreich doch sehr ausgeprägten Kultur der Anwesenheitspräsenz ein außergewöhnlicher Chef gewesen sein. Heute klagen Konzipienten, dass von ihnen erwartet wird, bis 21 Uhr im Büro zu sitzen, unabhängig davon, ob es nötig ist oder nicht.

Griss: In Anwaltskanzleien herrscht sicher eine gewisse Kultur des Lang-Dableibens. Als tüchtig gilt, wer möglichst viele Stunden im Büro sitzt. Das ist für mich ein Selbstbetrug erster Ordnung. Kein Mensch kann jeden Tag 14 Stunden lang kreativ sein. Für mich war es immer wichtig, arbeiten zu können, wo und wann ich will. Wie wichtig das für mich ist, habe ich das erste Mal gemerkt, als ich nach der dritten Klasse Handelsakademie eine Ferialpraxis in der Buchhaltung einer Bank gemacht habe. Ich musste jeden Tag bis 17 Uhr im Büro sein, ich war aber immer schon gegen 15 Uhr mit der Arbeit fertig. Von 15 bis 17 Uhr hatte ich nichts mehr zu tun, konnte auch kein Buch lesen, sondern musste die Zeit bis 17 Uhr nur absitzen. Damals habe ich mir geschworen, nie einen Beruf zu wählen, in dem ich anwesend sein muss, auch wenn ich nichts zu tun habe. Das habe ich als Richterin erreicht. Ich erinnere mich noch gut an das Gefühl der Erleichterung, wenn ich den Justizpalast verlassen habe und mir dachte: Kein Mensch kann mir sagen: Du musst noch dableiben. Gehen zu können, wann man will, bringt ein unglaublich positives Gefühl der Freiheit. So gesehen hatte ich wirklich großes Glück im Leben.

Weil Sie selbstbestimmt arbeiten konnten?
Griss: Das stimmt. Es anders zu machen, ist bei einer geistigen Arbeit aber auch schwierig. Man kann sie nicht auf Knopfdruck abrufen oder erzwingen wie irgendeine körperliche Arbeit. Es ist deshalb auch sinnvoll, solchen Menschen einen Freiraum zu lassen. Das Gegenstück dieser Freiheit ist aber Verantwortung. Wenn ich die Möglichkeit habe, mir die Zeit selbst einzuteilen, bin ich verantwortlich dafür, dass ich es wirklich schaffe. Da sind einige überfordert.

Auch Richter?
Griss: Ja, auch Richter. Da gibt es manche, die nicht die Disziplin aufbringen, an ihren Akten zu arbeiten, wenn andere Beschäftigungen locken.

Die Entscheidung für einen Beruf mit selbstbestimmter Arbeit ist also mit 17 Jahren nach Ihrem Bankpraktikum gefallen?
Griss: Ja, das war ein Ziel, das ich nie aus den Augen verloren habe. Ich wusste, dass ich eines nicht will: Mich irgendwo einordnen zu müssen, wo mir gesagt wird, was zu tun ist, wann ich weggehen darf.

Inwieweit war dieser Wunsch nach Freiheit auch durch Ihr Aufwachsen auf einem Bauernhof beeinflusst?

Griss: Ich war da sicher stark geprägt von meinem Elternhaus. Ein Bauer braucht keinen Chef, er muss sich nur nach der Natur richten. Innerhalb dieses Rahmens muss er tun, was zu tun ist. Es ist niemand da, der ihm sagt: Heute musst du auf das Feld gehen und mähen, heute musst du das Heu einbringen, weil es morgen vielleicht regnet. Er muss es selber entscheiden und auch tun. Er hat auch die Folgen zu tragen, wenn er etwas nicht macht. Er weiß, er ist für alles selbst verantwortlich. Diese Freiheit hat mich geprägt. Wie die Verantwortung für bestimmte Aufgaben und das Bewusstsein, dass ich diese Aufgaben zu erfüllen habe, weil es meine Pflicht ist. Man selber ist es, der sagt, was zu tun ist.

Das ist die angenehme Seite einer Landwirtschaft. Es gibt aber auch die andere, nicht einfache Seite.

Griss: Einfach war es wirklich nicht. Die Verhältnisse in den 50er-Jahren lassen sich auch nicht mit heute vergleichen. Unser Hof war ein Bauernhof, auf dem noch alle Feldfrüchte angebaut worden sind. Wir hatten auch Vieh, Hühner, Enten, Schweine, auch ein Pferd, weil es keinen Traktor gab. Es wurden Mais, Rüben, Erdäpfel angebaut. Zum großen Teil waren wir Selbstversorger. Meine Mutter hat das Brot in einem gemauerten Backofen gebacken, der fast ein Viertel unserer nicht gerade kleinen Küche einnahm. Meine Eltern lebten von dem, was die Landwirtschaft hergab. Etwas Milch haben wir verkauft, sodass es für meine Mutter regelmäßig etwas Bargeld gab. Es war ein bescheidenes Leben, aber ein Leben im Einklang mit der Natur. Es war ein Leben, in dem die Aufgaben erfüllt wurden, die sich gestellt haben. Ein für die 50er-Jahre typisches Leben, in denen ja noch ein größerer Teil der österreichischen Bevölkerung von der Landwirtschaft lebte.

Im Einklang mit der Natur klingt sehr romantisch. Verklären Sie im Rückblick?
Griss: Vielleicht ist es ein wenig glorifizierend, weil es ja im Grunde ein sehr hartes Leben war. Man musste damals körperlich hart arbeiten, es gab kaum Maschinen. Es wurde viel mit der Hand gemacht, und das war natürlich eine Schinderei. Das Schöne dabei war, dass man sich in einem sinnstiftenden Leben aufgehoben fühlte. Man stellte sich nie die Frage, ob etwas, was man macht, sinnvoll ist. Insofern war das Leben auch wieder leichter. Man wusste, was zu tun war, warum man es tut. Da gab es keine Entfremdung, die vielleicht jemand empfindet, der in einer Fabrik arbeitet und das Endprodukt womöglich gar nicht kennt, jedenfalls nie damit zu tun hat.

Wie stark sind Sie als Kind und Jugendliche in die bäuerliche Schinderei einbezogen worden?
Griss: Natürlich musste ich mithelfen, und ich gebe offen zu, es nicht gerne gemacht zu haben. Wir mussten alle mithelfen, da wurde nicht gefragt, es war einfach so. Wenn ich im Herbst von der Schule nach Hause gekommen bin, musste ich die Kühe austreiben. Da habe ich aufgepasst, dass sie nicht auf die Wiese des Nachbarn gehen und sein Gras abfressen. Abends durfte ich sie heimtreiben, und dann konnte ich die Hausaufgaben machen.

Da haben Sie jetzt aber etwas vergessen. Ihre ältere Schwester erzählte, dass Sie schon mit acht, neun Jahren immer mit Büchern unter dem Arm die Kühe ausgetrieben haben, auf dem Feld in Ihre Schulbücher versunken waren, bis Ihre Mutter dann gerufen hat: Irmgard, die Kühe laufen davon. Die Kühe hätten die Krautköpfe am Acker des Nachbarbauern regelrecht gerochen.

Griss: Daran erinnere ich mich gar nicht mehr. Aber ausschließen kann ich es nicht, denn sehr aufmerksam bei der Sache war ich nicht.

Woran erinnern Sie sich noch, was Sie als Schinderei empfunden haben?

Griss: Das Dreschen. Wenn gedroschen wurde, hatte jeder von uns eine bestimmte Aufgabe. Meine Schwester schnitt das Stroh mit der Futterschneidemaschine, meine Mutter steckte die Garben in die Dreschmaschine und ich musste die Garben vom Wagen zur Dreschmaschine hinüberwerfen. Das Stroh hat die Unterarme aufgerieben. Das war nicht lustig. Außerdem war es heiß, und es hat gestaubt. Wenn das Getreide geschnitten wurde, mussten wir Kinder die Garben zusammentragen und zum Trocknen aufstellen. Was ich auch nicht gern gemacht habe, war das Verlegen der Kürbisreben. Damals hat man im Maisacker zwischen den Zeilen Kürbisse eingesetzt. Die Reben mussten verlegt werden, wenn die Zeilen geeggt wurden, denn damals wurde das Unkraut noch nicht mit einem Spritzmittel bekämpft, sondern entfernt. Das Verlegen der Kürbisreben war eine stachelige Angelegenheit. Woran ich mich auch erinnere, und zwar nicht mit den angenehmsten Gedanken, ist das Reinigen der großen Fässer. Ich musste als kleines Kind in das Fass steigen, um die Innenseite mit einer Bürste zu reinigen. Das habe ich gehasst, dieses Eingesperrtsein in einem Fass, und ich war sehr froh, als ich zu groß war, um durch die Öffnung in das Fass zu steigen.

Ein Nein hätte nichts gebracht?
Griss: Nein, das musste erledigt werden. Wenn der Vater etwas angeordnet hat, musste man es machen. Er hatte das Sagen und bestimmte, was zu tun ist.

Und Ihre Mutter?
Griss: Meine Mutter war außerordentlich fleißig. Mein Vater ist 1956 zum damals neu aufgestellten Bundesheer gegangen und ab diesem Zeitpunkt hat meine Mutter mit meiner damals 15-jährigen Schwester allein den Hof bewirtschaftet. Das war sehr viel Arbeit, ein Motormäher war alles, was wir an Maschinen hatten. Und damit hat meine Schwester alles gemäht. Meine Mutter ist im Winter jeden Tag um 5 Uhr aufgestanden, hat eingeheizt, das Vieh versorgt, hat es gefüttert, die Kühe gemolken.

Wenn Sie heute an sie denken, welche Bilder sehen Sie vor sich?
Griss: Ich sehe sie bei der Arbeit, immer tätig. Aber ich sehe sie auch als jemanden, der als junge Frau andere Träume und Vorstellungen vom Leben hatte und etwas anderes machen wollte, jedoch dieses Leben angenommen hat. Es war ein wirklich hartes Leben.

Sehen Sie es heute so oder haben Sie das auch als Kind schon empfunden?
Griss: Ich habe es sicher schon damals so empfunden. Sonst hätte ich mir auch nicht damals schon gesagt:

So ein Leben will ich nicht. Das war für mich sicher ein Antrieb, weiter in die Schule zu gehen, um später studieren zu können. Ich wollte nicht ein so hartes Leben wie meine Mutter haben.

Trotz des Einklangs mit der Natur?
Griss: Das entschädigt nicht für dieses harte Leben. Der Einklang mit der Natur ist auch eine Beschreibung, auf die ich erst später gekommen bin. Damals habe ich es sicher nicht so gesehen, weil ich es gar nicht hinterfragt habe. Es werden die Erdäpfel angebaut, im Herbst muss man die Äpfel klauben. Später denkt man nach und fragt sich, was war das Positive an diesem Leben. Man kann aber einen Bauernhof von heute nicht mit einem vor 60 Jahren vergleichen. Dazwischen liegen Welten. Heute gibt es Melkmaschinen, die wenigsten Bauern haben noch Vieh. Bei uns wurde das Unkraut noch mit einer Haue beseitigt, da steht man den ganzen Tag gebückt am Acker. Das macht niemand mehr, heute wird ein Unkrautvertilgungsmittel gespritzt. Ganz geändert hat sich auch die Arbeitsteilung auf einem Bauernhof. Auf vielen Höfen kümmert sich die Frau um das Haus und die Kinder oder sie hat sogar eine Beschäftigung nebenbei. Das kann man mit dem Leben damals nicht vergleichen. Meine Mutter ist ihr ganzes Leben lang nie auf Urlaub gefahren.

Sie sagten, Ihr Leben sei sehr bescheiden gewesen.
Griss: Es war wenig Bargeld vorhanden. Meine Mutter hatte ein wenig Geld durch den Verkauf der Milch.

*Wie haben Sie die Unterschiede unter den Kindern in
der Schule empfunden?*
Griss: Die Unterschiede habe ich bemerkt, aber nicht
hinterfragt. Wenn andere erzählten, wo sie in den Ferien waren, habe ich nichts vorzuweisen gehabt. Aber
für mich war das einfach, wie es ist.

*Sie haben in Deutschlandsberg eine Hauptschule
besucht, weil es kein Gymnasium gegeben hat. Heute
würde diese Hauptschule wohl Neue Mittelschule
heißen. Wie empfinden Sie die aktuellen Debatten
über Gymnasien und Gesamtschulen und Neue Mittel-
schulen?*
Griss: Wir hatten in der Hauptschule zwei Klassenzü-
ge. Im ersten Klassenzug waren jene, die ein bisschen
besser waren, im anderen jene, die sich schwerer getan haben. Ich denke, es war für mich absolut kein
Nachteil, diese Schule besucht zu haben. Bei uns wurden jene, die sich leichter getan haben, besonders gefördert. Sie bekamen mehr und andere Aufgaben. Die
heute geforderte Binnendifferenzierung hat es damals
gegeben. Wer mehr lernen wollte, konnte es. Da gab es
keine Gleichschaltung aller Schüler.

*Sie sagen, es wäre kein Nachteil gewesen. Aber auch
kein Vorteil?*
Griss: Ich war eine gute Schülerin und musste nicht
von besseren Schülern profitieren. Das müsste man
jemanden fragen, der schwächer war.

*Sie sollen ja schon als Schülerin andere geprüft
haben.*
Griss: Wir haben regelmäßig Klassentreffen, das letzte war im Oktober, 55 Jahre nach Beendigung der

Hauptschule. Einige meiner Mitschülerinnen haben gesagt: Kannst du dich erinnern, wie du uns geprüft hast? Ich wollte ja immer Lehrerin werden, und meine Lehrerinnen glaubten auch, dass ich dieses Ziel auf jeden Fall erreichen werde.

Deshalb haben die Lehrer Ihnen das Prüfen überlassen?
Griss: Das war bei einer Lehrerin. Bei ihr durfte ich die Fragen stellen.

Haben Sie gerne geprüft?
Griss: Daran kann ich mich nicht erinnern. Ich habe es jedenfalls gemacht, und dass sie mich das machen ließ, zeigt doch auch die besondere Förderung.

Zu Konflikten mit Schulfreunden hat das nicht geführt, wenn die Fragen zu schwierig waren?
Griss: Nein, aber das liegt wohl auch daran, weil damals alles hingenommen wurde. Ich kann mich an keine Äußerung erinnern wie „Wieso hast mich denn das gefragt?"

Der Beruf der Lehrerin ist Ihnen versagt geblieben, weil Sie bei der Aufnahmsprüfung beim Singen durchgefallen sind.
Griss: Ich habe als gute Schülerin eigentlich damit gerechnet, dass ich aufgenommen werde. Was ja, wie ich jetzt einmal gelesen habe, atypisch war, weil die guten Schüler meist nicht Lehrer werden wollen.

Sehen Sie dies als Problem?
Griss: Das ist das Grundproblem. Ganz wesentlich für die Qualität der Schulen ist die Wertschätzung, die den Lehrern entgegengebracht wird. Keine Struktur-

reform kann etwas bringen, wenn es nicht gleichzeitig motivierte und engagierte Lehrer gibt. Denn entscheidend sind die Lehrer, die Struktur ist sekundär. Viele gute Lehrer wird es aber nur geben, wenn sie in der Gesellschaft wertgeschätzt werden.

Woran liegt es, dass diese Wertschätzung fehlt?
Griss: Das liegt wahrscheinlich daran, dass Lehrer verantwortlich gemacht werden, wenn ein Teil der Kinder die Schule verlässt, ohne sinnerfassend lesen zu können. Die Lehrer fühlen sich dadurch unfair behandelt und klagen, dass sie heute weit mehr Erziehungsaufgaben übernehmen müssen als früher und deshalb auch mehr Unterstützungspersonal bräuchten. Sie kommen damit in eine Verteidigungsposition. Gleichzeitig gibt es eine starke Lehrergewerkschaft, die – so kommt es jedenfalls in den Medien hinüber – das Gefühl vermittelt, Änderungen reflexhaft abzulehnen, sodass es keine sachliche Diskussion gibt. Da kommt viel zusammen. Der Beruf schafft natürlich auch durch die langen Ferien Anreize für Leute, die nicht die Absicht haben, besonders engagiert zu arbeiten. Was wiederum engagierte Lehrer frustriert. Das Thema müsste aber auch in den Medien anders transportiert werden. Es müssten weit mehr positive Beispiele von Lehrerpersönlichkeiten gebracht werden; geben würde es genug. Beispielsweise müsste auch über die Initiative „Teach for Austria" berichtet werden, wo Studienabgänger aus verschiedenen Fächern einige Jahre in einer Brennpunktschule unterrichten. Sie machen das, um Führungsqualitäten zu beweisen. Denn es ist eine Führungsaufgabe, Kinder zu Leistungen zu motivieren, die vielleicht in ihrer näheren Umgebung keine positiven Beispiele und daher

auch geringe Erwartungen an die Zukunft haben. Manche dieser Lehrer entscheiden sich dafür, im Schulsystem zu bleiben, obwohl sie ursprünglich ganz andere Berufsvorstellungen hatten. Die Londoner Schulen haben sich durch diese Initiative – in England heißt sie „Teach first" – wesentlich besser entwickelt als andere Schulen in England.

Was haben Sie sich damals gedacht, als Sie abgewiesen worden sind?
Griss: Ich dachte, es wird schon für etwas gut sein. Anschließend bin ich dann ein Jahr lang in Graz in die Handelsschule gegangen, weil ich die Aufnahmsprüfung für die Handelsakademie nicht gemacht hatte. Mein Vater sagte zwar, ich solle zu den Schulschwestern nach Eggenberg gehen, aber da hatte ich mich bereits anders entschlossen.

Bei den Schulschwestern hätten Sie die Lehrerausbildung machen können?
Griss: Ja, mein Vater ist mit meinem Zeugnis hingefahren, und sie hätten mich genommen, obwohl ich nicht singen konnte. Ich hätte aber im Internat sein müssen, und das war relativ teuer. Das wollte ich nicht. Mein Vater hat damals ein neues Wohnhaus gebaut und bis zu den Dachziegeln fast alles selbst gemacht. Da war das Geld knapp.

Anschließend besuchten Sie die Handelsakademie in Graz und wollten immer noch Lehrerin werden?
Griss: Ja, damals dachte ich mir, ich werde Handelswissenschaften studieren und anschließend die kaufmännischen Fächer unterrichten. Ich hatte dann auch schon einen Platz in einem Studentenheim in Wien.

Mit dem Stipendium wäre sich das aber nicht ausgegangen. Meine Eltern wollte ich jedoch nicht belasten. Deshalb habe ich mich dann doch entschlossen, in Graz zu studieren, zu Hause zu wohnen und mit dem Zug zu pendeln. Auf diese Weise bin ich mit dem Stipendium ausgekommen. Zwischendurch habe ich auch immer gearbeitet; so etwa im damaligen Versandkaufhaus Kastner & Öhler, in der Raiffeisenkasse in Deutschlandsberg, in der Schuhfabrik Humanic und als freie Mitarbeiterin beim ORF.

Wären Sie später geboren, würde ich Sie jetzt fragen, ob Sie Ihren Lebensweg der Politik von Bruno Kreisky verdanken.
Griss: Kreisky kam erst später. Es ärgert mich immer, wenn es heißt, in Österreich würde Bildung vererbt. Das stimmt so pauschal nicht. Was stimmt ist, dass Kinder aus bildungsfernen Gruppen es schwerer haben, wenn sie durchschnittlich begabt sind. Da haben es durchschnittlich begabte Kinder aus Akademikerfamilien leichter, weil sie einfach stärker gefördert werden. Wer aber wirklich gut lernte, für den war ein Studium möglich. Richtig ist aber, dass die Familie für den Besuch einer weiterführenden Schule aufgeschlossen sein musste, was sicher nicht immer der Fall war. Der Begriff „bildungsfern" ist übrigens irreführend. Mein Vater war nicht bildungsfern, er war an allem interessiert.

Sie meinen, die formale Bildung wird überschätzt?
Griss: Aber sicher, es kann jemand zehn Studien absolviert haben und er kann trotzdem kein wirklich gebildeter Mensch sein. Diese Pauschalurteile stören mich.

Die Studentenzahlen an den Universitäten sind aber ein Beweis dafür, dass Ausbildung sehr wohl vererbt wird.

Griss: Da muss ich widersprechen. Viele Akademiker, deren Kinder heute studieren, hatten Eltern, die keine Akademiker waren. Ich war in meiner Familie die Einzige, die maturierte und studierte. Von den Kindern meiner Cousins und Cousinen hat aber bereits ein Großteil studiert. Mein Lebenslauf ist ein Beweis dafür, dass ein Studium für jemanden wie mich auch vor Kreisky möglich war. Meine Mutter hat nur die Volksschule besucht, mein Vater hat als Erwachsener die Hauptschulprüfung nachgeholt. Aber natürlich spielt das Elternhaus eine große Rolle. Ich bin deshalb auch ganz massiv für die Ganztagsschule. Sie kann dazu beitragen, dass solche Defizite ausgeglichen werden. Dass Kinder, die zu Hause nicht gefördert werden, in der Schule gefördert werden.

Eine Ganztagsschule, auf der Gesamtschule oder Neue Mittelschule oder Gymnasium steht?

Griss: So wie die Schulen derzeit ausgestattet sind, ist nicht entscheidend, welches Taferl vorne aufgehängt ist. Ob Gesamtschule, ob Gymnasium, ob Hauptschule. Wobei ich zugebe, dass es Kinder schwer haben, die in der Großstadt eine Hauptschule besuchen, weil das oft eine Restschule ist. Ob sie es wesentlich leichter hätten, wenn alle in einer Gesamtschule wären, weiß ich nicht. Sicher ist jedenfalls, dass eine Gesamtschule die angestrebte Chancengleichheit nur verwirklichen kann, wenn die Lehrerinnen und Lehrer hoch motiviert sind und ihre Belastung es zulässt, die Kinder je nach ihren Begabungen zu fördern. In Berlin gibt es eine Stadtteilschule mit hohem Anteil an

Kindern nichtdeutscher Muttersprache, in die Eltern mit bildungsbürgerlichem Hintergrund ihre Kinder ganz bewusst schicken. Die Frage ist, ob dies den Kindern gegenüber fair ist, wenn sie als eine Art Hilfslehrer eingesetzt werden. Das ist eine sehr schwierige Frage.

Hätten Sie Ihre Söhne in eine solche Schule geschickt?
Griss: Wahrscheinlich hätte ich es nicht riskiert.

Was halten Sie von der Abschaffung der AHS-Unterstufe?
Griss: Ich glaube nicht, dass das vordringlich ist. Entscheidend sind die Lehrer. Eine Gesamtschule mit Binnendifferenzierung und Gestaltungsfreiraum der Lehrer könnte sich positiv auswirken. Man wird ja sehen, welche Erfahrungen in den Schulversuchen gewonnen werden. Ziel müsste es jedenfalls sein, dass hervorragende AHS-Unterstufen erhalten bleiben, auch wenn sie in Zukunft anders heißen und von Kindern mit unterschiedlichem Hintergrund besucht werden. Für mich wird diese Diskussion mit zu großen ideologischen Scheuklappen geführt. Das lenkt vom wirklichen Problem ab – von der fehlenden Wertschätzung für die Lehrer. Da muss man ansetzen. Alles andere ist Kosmetik. Allein der Streit über die Zuständigkeit für die Lehrer, ob das Land oder der Bund zuständig sein soll, zeigt, dass es den Verantwortlichen gar nicht um die wirklichen Probleme geht. Denn die Zuständigkeit ist für den Erfolg der Schule und damit für den Lernerfolg der Kinder unerheblich. Da geht es nur um Ideologie und Macht und nicht darum, die beste Schule für die Kinder zu schaffen.

Als Sie begonnen haben, Rechtswissenschaften zu studieren, wollten Sie immer noch Lehrerin werden?
Griss: Zunächst wollte ich Staatswissenschaften studieren. Als ich gesehen habe, dass das nur ein kleiner Ausschnitt des Jusstudiums ist, habe ich mich für Jus entschlossen. Und ja – immer noch mit der Absicht, Lehrerin zu werden.

Worauf führen Sie es zurück, dass der Lehrerberuf Sie so lange verfolgte?
Griss: Ich war stark davon geprägt, dass zwei Schwestern meiner Großmutter Lehrerinnen waren. Damit hatte ich als Kind als einzige Berufsvorstellung außerhalb der Landwirtschaft den Beruf einer Lehrerin. Das war für mich eben ein Lebensweg, bei dem ich nicht auf einem Bauernhof hätte arbeiten müssen. Das war für mich ausschlaggebend. Andere Berufe wie etwa Ärztin waren einfach außerhalb meiner Vorstellungswelt. Und ich habe gerne unterrichtet. Als mein Bruder in die Schule gekommen ist, er ist zwei Jahre jünger als ich, habe ich mich gefreut, dass ich ihm nun etwas zeigen konnte. Vor allem das Rechnen wollte ich ihm zeigen, denn ich habe immer schon gerne gerechnet.

Der Hang zum Prüfen, zum Unterrichten hat sich somit also schon früh gezeigt.
Griss: Durchaus. Das war schon bestimmend für mein Leben. So bestimmend, wie ich auch immer ins Ausland gehen wollte. So war ich während des sechsten Semesters – nach der zweiten Staatsprüfung und dem zweiten Rigorosum – drei Monate in Paris als Au-pair. Nach der dritten Staatsprüfung und dem dritten Rigorosum habe ich einen Sommer in London verbracht.

In Frankreich war das eine große Herausforderung, weil ich kein Wort Französisch konnte, aber mit den Kindern, die ich betreute, reden musste. Nach Abschluss des Studiums wollte ich dann mit meiner Freundin in Straßburg einen Kurs der *Faculté internationale de droit comparé* besuchen. Als ich mich für das Romanum, das letzte Rigorosum, anmeldete, hat mich ein Professor gefragt, ob ich zu ihm als Assistentin kommen möchte. Da habe ich mich so geehrt gefühlt, dass ich leider sofort zusagte.

Warum leider?
Griss: Es war nicht das Gescheiteste. Zwei Tage später hat mich ein anderer Professor gefragt, der ein weit interessanteres Gebiet gehabt hätte. Das konnte ich nicht mehr annehmen. Ich war dann ganz allein an diesem Institut, das keine Infrastruktur hatte, und arbeitete an einem Buch über das Insolvenzrecht. Und ich habe Übungen zu Themen gehalten, von denen ich selbst nicht viel verstanden habe.

Sie haben auch damals geprüft?
Griss: Ja, und anfangs war ich bei der Korrektur der Klausurarbeiten streng. Ein Student hat mir gesagt: Ja, Frau Doktor, neue Besen kehren gut, aber alte wissen besser, wo der Dreck liegt.

Er meinte, Sie hätten nicht erkannt, ob jemand wirklich etwas kann?
Griss: Offenbar. Vielleicht habe ich durch meine Art des Prüfens nicht wirklich erkannt, ob jemand etwas verstanden hat oder nicht. Vielleicht haben mich manche geblendet. Möglich, dass ich nicht geschickt genug gefragt habe.

Welche Lehre haben Sie aus der damaligen Entschei-
dung gezogen?
Griss: Ich habe nie mehr in meinem Leben sofort zu-
gesagt.

Nicht überschlafen haben Sie es aber, als Sie die Zu-
sage für ein Stipendium in den USA bekommen haben.
Griss: Das stimmt. Ich kann mich noch genau erinnern, wo ich gestanden bin, als ich die Nachricht bekommen habe. Es war so eine große Freude. Denn von
Anfang an hatte ich im Ausland studieren wollen. Für
mich war damit wirklich ein Traum in Erfüllung gegangen. Mein Aufenthalt in Harvard war dann für
mich die prägende Erfahrung.

Was hat Sie am meisten beeindruckt?
Griss: Beeindruckt war ich vom Verhältnis zwischen
Professoren und Studenten. In Österreich hatte ich
das Gefühl, die Professoren wissen alles und ich weiß
nichts. Und dass es nicht so einfach ist, auch dorthin
zu kommen und so viel zu wissen wie die Professoren.
In den USA hatte ich das Gefühl, es gibt kein fertiges
Wissen, sondern Professoren und Studenten erarbei-
ten gemeinsam, wie sich Rechtsprobleme am besten
lösen lassen. Und wichtig war vor allem die Erkenntnis, dass es darum geht, die richtigen Fragen zu stellen. Die Vorlesungen folgten der sokratischen Metho-
de: Es wurden immer Fragen gestellt und anhand der
Fragen wurde der Stoff erarbeitet.

Die Hierarchien dürften ebenfalls andere gewesen sein.
Griss: Die Türen zu den Professoren waren immer offen, sie haben uns zu sich nach Hause eingeladen. Es
war alles völlig anders. Bei uns in Österreich hatte ich

auch das Gefühl, dass ich jemanden kennen muss, wenn ich im Leben etwas erreichen will. Wenn ich niemanden kenne, ist dies ausgeschlossen. In den USA war das ganz anders. Einige meiner Kolleginnen und Kollegen haben gesagt, sie wollten Präsident der USA werden, jedenfalls aber Senatoren. Und sie hatten ganz klare Vorstellungen. Zuerst in eine große Anwaltskanzlei in Washington, dann zurück in den Heimatstaat und schließlich die Bewerbung für den Senat. Jedenfalls die, die gesagt haben, sie würden Präsident werden, sind es bisher nicht geworden.

Hatten Sie in Österreich ein konkretes Erlebnis, dass Sie sich bereits als Studentin dachten, jemanden kennen zu müssen?
Griss: Ich habe mich einmal für eine Wohnung der Neuen Heimat in Graz interessiert. Wer aber keine Nähe zur SPÖ hatte, war chancenlos. Ich habe allerdings auch von diesem System profitiert, als ich einmal eine Stelle beim Rundfunk durch den Vater meiner Freundin bekommen habe. Als Mrs. Nobody hätte ich diese Stelle kaum bekommen.

Sie haben sich für Journalismus interessiert?
Griss: Ja, sehr sogar. Ich habe mir dann aber gedacht, ich möchte in meinem Leben einmal so weit kommen, dass ich mich in einem Gebiet wirklich auskenne, ein Gebiet wirklich beherrsche. Als Journalistin hätte ich das – jedenfalls nach meiner damaligen Vorstellung – nicht erreicht. Da hatte ich das Gefühl, dass man meist an der Oberfläche bleibt, einfach weil man viele verschiedene Themen bearbeiten muss. Das Zweite, was mich gestört hat, war das unechte Verhältnis zwischen Politikern und Journalisten. So habe ich es je-

denfalls empfunden. Ich hatte das Gefühl, Politiker würden für einen guten Bericht vor den Journalisten kriechen und umgekehrt die Journalisten vor den Politikern, um Informationen zu bekommen. Diese Kameraderie hat mich als damals 23-Jährige gestört.

Journalistin zu werden haben Sie somit ausgeklammert, weil Journalismus zu sehr an der Oberfläche bleibt?
Griss: Ich wollte in die Tiefe gehen, eine Sache von Grund auf verstehen. Am Journalismus hat mich vor allem die Sprache gereizt, mit klaren Worten auszudrücken, worum es geht. Als Juristin hatte ich beide Herausforderungen, die sprachliche und die inhaltliche. Man muss das oft komplexe Recht anwenden und sich dabei einer verständlichen Sprache bedienen.

Die Verständlichkeit ist nicht wirklich immer gegeben. Der Laie kann mit Urteilsbegründungen oft wenig anfangen.
Griss: Das empfinde ich als absolutes Manko. Es ist für mich auch keine Rechtfertigung zu sagen, es sei etwas komplex oder nur für Fachleute. Ein Schlüsselerlebnis war für mich, als ich in meinem Studienjahr in den USA eine Arbeit über internationales Privatrecht schreiben musste. Meine Englischkenntnisse waren bescheiden. Ich hatte zwar acht Jahre Englischunterricht gehabt, doch zu meiner Zeit haben wir im Unterricht vor allem übersetzt, und zwar aus dem Englischen ins Deutsche. Die Texte sind mit der Zeit schwieriger geworden. Einen – wenn auch schwierigen – Text in die Muttersprache zu übersetzen ist etwas anderes, als einen Text in der Fremdsprache zu verfassen. Das hatten wir zu wenig geübt. Als ich in

die USA gekommen bin, konnte ich einfach nicht gut genug Englisch, um etwas ausdrücken zu können, wenn ich es nicht richtig verstanden hatte. Ich konnte die Sprache nicht einsetzen, um Unschärfen meiner Gedanken zuzudecken. Ich konnte also etwas nur ausdrücken, wenn ich es selbst wirklich verstanden hatte. Das war eine große Herausforderung. Ich war gezwungen, gründlich zu überlegen, was ich wirklich sagen wollte. Und so habe ich gelernt, etwas klar durchzudenken und mich um eine einfache Sprache zu bemühen. Das war schwieriger als meine Arbeit als freie Mitarbeiterin beim ORF. Da musste ich beim Schreiben der Nachrichten zwar auch eine klare Sprache verwenden, aber der Inhalt war nicht schwer zu verstehen.

Ursprünglich wollten Sie Anwältin werden. Warum haben Sie sich dann letztendlich doch für den Richterberuf entschieden?
Griss: Ich war in einer Wiener Kanzlei als Rechtsanwaltsanwärterin beschäftigt und habe dort in großen Causen zugearbeitet. Nach der Anwaltsprüfung habe ich mir überlegt, was ich machen soll. Partner zu werden, wie das heute in Kanzleien üblich ist, war damals nicht leicht möglich, weil Kanzleien sehr oft Ein-Mann-Kanzleien waren. Ich wäre also angestellt gewesen, und das war für mich nicht erstrebenswert. Das Zweite war, dass ich nach den Erfahrungen als Rechtsanwaltsanwärterin bei Gericht das Gefühl hatte, dass es schwer ist, Richter dazu zu bringen, sich mit einer Sache wirklich auseinanderzusetzen. Sie sagten oft: Das weiß ich schon, das brauchen Sie gar nicht vorzubringen oder Ähnliches. Obwohl sie in Wahrheit doch nicht richtig verstanden, worum es

ging, jedenfalls nicht so, wie sie es nach Meinung eines Parteienvertreters verstehen sollten. Ich dachte mir, wenn ich als Anwältin erfolgreich sein will, muss ich wissen, wie ein Richter denkt. Der beste Weg, dies zu lernen, ist es, selbst als Richterin zu arbeiten. Ich habe also am Oberlandesgericht angerufen und gefragt, ob und welche Möglichkeiten bestehen, als Richterin ernannt zu werden.

Und nach einem Blick in Ihre Zeugnisse sagte der Richter am Oberlandesgericht: Bitte kommen Sie?
Griss: Nach dem Blick in meine Zeugnisse sagte er: Eines spricht gegen Sie, Sie sind unstet.

Wie reagierten Sie?
Griss: Das weiß ich nicht mehr, überrascht war ich aber sicher, dass jemand wegen meines USA-Aufenthalts, meiner Tätigkeit in einer Anwaltskanzlei und meiner Arbeit an der Universität sagt, ich sei „unstet". Jedenfalls habe ich mich nicht beirren lassen und gesagt, ich möchte als Richterin in Handelssachen arbeiten.

Wie hat der Anwalt reagiert, bei dem Sie Konzipientin gewesen sind?
Griss: Als mich mein damaliger Chef überzeugen wollte, doch als Anwältin zu arbeiten, sagte er mir: Wenn Sie Anwältin werden, haben Sie ganz andere finanzielle Möglichkeiten. Meine Antwort war: Ich kann immer nur selbst eine Grenze für meine finanziellen Bedürfnisse einziehen. Einen natürlichen Plafond gibt es nicht. Man muss selbst sagen: Ich habe genug, ich brauche nicht mehr.

Sie meinen, dass es bei Geld und Erfolg keinen natür-
lichen Sättigungsgrad gibt und dass man ihn bewusst
selbst festsetzen muss?
Griss: Völlig richtig. Als Richterin hat man diese Probleme nicht. Ich muss mich nicht darum kümmern,
dass ich Klienten habe, ich muss nicht für mich wer-
ben. Das wäre mir auch nicht gelegen. Als Richterin
erhält man seine Fälle automatisch zugeteilt. Auch
das Gehalt steht fest. Man muss sich daher als Richterin, anders als ein Anwalt, um wirtschaftliche Fragen
nicht kümmern.

Disziplinäre Schwierigkeiten sollen Sie bei Gerichts-
verhandlungen nie gehabt haben. Worauf führen Sie
das zurück?
Griss: Ich glaube, immer mit einer gewissen Autorität
aufgetreten zu sein.

Woher kommt diese Autorität?
Griss: Unterwürfig war ich in meinem Leben sicher
nie. Und ich habe sicher immer ein gewisses Selbstbe-
wusstsein gehabt.

Von Ihrem Vater, Ihrer Mutter?
Griss: Wenn ich es auf die Eltern zurückführe, dann
auf meinen Vater. Er war eine starke Persönlichkeit,
hat als Jüngster den Hof der Eltern übernommen, hat
unser Haus gebaut. Das war damals etwas ganz Be-
sonderes. Niemand hat damals in unserer Gegend ein
Haus gebaut. Mein Vater hat gehört, dass da in
Schwanberg einer ein Haus bauen soll. Er ist mit dem
Fahrrad nach Schwanberg gefahren und hat sich das
angeschaut, hat sich erkundigt, wie dieser Mann die
Ziegel beschafft hat und wie es überhaupt möglich

war, wenige Jahre nach Kriegsende so etwas zu beginnen. Daraufhin hat sich mein Vater entschlossen, mit dem Hausbau zu beginnen. Da er ja so gut wie kein Geld hatte, hat er ein Landesdarlehen von 30.000 Schilling aufgenommen. Das Geld hat natürlich nicht gereicht, um die Baumaterialien zu kaufen. So hat mein Vater die Ziegel selbst gemacht, und zwar Ziegel aus Lösch, die nicht gebrannt, sondern nur getrocknet wurden. Er hat die Ziegel an der Technischen Universität in Graz auf ihre Festigkeit prüfen lassen. Fenster und Türen hat mein Vater ebenfalls selbst gemacht, obwohl er nie Tischler gelernt hat. Eine Wandersäge hat er vom Land gemietet und das ganze Bauholz selbst in unserem Wald gefällt und auch selbst geschnitten.

Daran erinnern Sie sich noch?
Griss: Vielleicht deshalb, weil es kleine Rollwagerln gegeben hat und wir Kinder damit herumgefahren sind. Ich erinnere mich auch noch an die überraschten Reaktionen der Leute, die vorbeigegangen sind und gesagt haben: „Ja, was baut der denn, baut der eine Kirche?"

Und zuvor wohnten Sie im Hof ohne Warmwasser und WC?
Griss: Unser altes Haus war ein mehrere hundert Jahre altes Holzhaus, ohne Nagel gebaut, mit ganz kleinen Fenstern, ein typisches weststeirisches Bauernhaus.

Sie hatten im Freien ein Plumpsklo?
Griss: Ja, da ist man in der Nacht nicht aufs Klo gegangen.

„Wenn man ein Kind hat, stellt man sich nicht mehr die Sinnfrage"

Mit Ehemann Gunter Griss und den zwei Söhnen Johannes und Rudolf im Jahr 1996

Sie haben am Oberlandesgericht in Wien gearbeitet und gleichzeitig in Graz eine Patchwork-Familie gehabt. Wie haben Sie das geschafft?

Griss: Die Patchwork-Familie ist später gekommen. Bei meinem ersten Kind war ich Alleinerzieherin und deshalb nur drei Monate in Karenz. Dann habe ich jemanden gehabt, der ein paar Stunden gekommen ist, und ich habe viel zu Hause neben dem Kind gearbeitet. Wenn ich in Wien geblieben wäre, weiß ich nicht, wie ich es geschafft hätte. Das wäre sehr schwer gewesen. Ich wollte mein Kind ja nicht schon als Baby in die Krippe geben, wobei ich gar nicht weiß, ob es damals eine gegeben hätte.

Aus der Erfahrung der Alleinerzieherin: Was fehlt an Rahmenbedingungen für Mütter?

Griss: Wesentlich sind Betreuungseinrichtungen. Wobei ich Krippen für Kinder unter einem Jahr für nicht ideal halte. Da müsste es auch Möglichkeiten für eine Betreuung zu Hause geben, die auch leistbar ist. Was ganz wesentlich ist, sind private Netzwerke. Nur mit bezahlten Kräften die Kinderbetreuung zu organisieren ist nahezu unmöglich. Als Richterin verdient man zwar nicht schlecht, aber man kann sich keine angestellte Haushälterin leisten. Da muss man irgendwie einen Weg finden. Es gibt aber heute sicher weit mehr Betreuungseinrichtungen als früher. Ich sehe das bei meinem Enkel in Wien. Er geht in eine Kinderkrippe, hat dort mit eineinhalb Jahren begonnen und geht auch gerne hin. Das wird man noch stärker ausbauen müssen.

Das Studium kostet nichts, die Kinderbetreuung sehr viel. Sollte sie gratis sein?
Griss: Das ist sicher ein Widerspruch. Ich finde aber auch nicht, dass das Studium für jene, die es sich leisten können, gratis sein soll. Warum sollte jemand, der es sich leisten kann, nicht einen bestimmten Beitrag zahlen? Man sollte im Gegenzug die Stipendien erhöhen, damit jene, deren Eltern wenig Geld haben, es sich auch leisten können, zu studieren. Bei der Kinderbetreuung ist es das Gleiche. Warum soll nicht eine Familie, die sich das leisten kann, für die Betreuung zahlen? Ich finde, wenn man selber auch etwas zahlen muss, wird einem stärker bewusst, dass die Betreuung, die man bekommt, auch etwas wert ist. Ich bin dagegen, dass alles gratis angeboten wird.

Also gegen die Gratisuniversität in heutiger Form?
Griss: Ich fände es besser, wenn etwas gezahlt werden müsste.

Ab welchem Familieneinkommen? Ab 3000, ab 4000 Euro netto im Monat?
Griss: Das ist schwierig. Bei Stipendien gibt es Einkommensgrenzen. Oberhalb dieser Grenzen könnte man einen Beitrag einheben. Mit Beiträgen gibt es auch eine andere Erwartungshaltung. Plötzlich hat eine Universität zahlende Kunden, die auch eine Leistung wollen. In den USA wird einem Professor, der eine Stunde ausfallen lässt, gesagt: Herr Professor, die Stunde müssen Sie nachholen. Es ist einfach ein Unterschied, wenn alles gratis ist oder wenn man etwas bezahlt. Ich finde es auch ungerecht gegenüber jenen, die eine Lehre machen oder gar keine Ausbildung haben und mit ihren Steuern die Universitäten unterstützen.

Wäre da nicht ein Modell am sinnvollsten, bei dem Studenten später, ab einem bestimmten Einkommen, die Studiengebühren zurückzahlen müssen?
Griss: Das ist zweischneidig, weil damit Menschen schon mit einer großen Hypothek ins Leben starten. Sie beginnen ihr Berufsleben mit einer finanziellen Belastung. Ich wäre für bescheidene Beiträge und würde nicht junge Menschen gleich zu Beginn belasten. Es ist heute schon schwer genug, sich eine Existenz aufzubauen, wenn jemand nicht von zu Hause unterstützt wird. Dazu kommt, dass sich Akademiker heute oft von Praktikum zu Praktikum hanteln.

Sie fordern Fairness gegenüber Lehrlingen. Man könnte sagen, es wäre fair, wenn ein gut verdienender Zahnarzt einmal die Kosten seines Studiums wieder zurückzahlt.
Griss: Da muss man schon abwägen und vor allem alles tun, dass auch Lehrlinge bessere Chancen haben. Ab einer bestimmten Einkommenshöhe wäre eine Rückzahlung vielleicht überlegenswert. Zumal wir in Österreich ja auch nicht die Tradition haben, dass erfolgreiche Menschen durch Spenden an ihre Universität etwas zurückgeben, wie das in den USA der Fall ist.

Sie haben Ihr erstes Kind mit 38 bekommen, sind dann mit 40 in eine Patchwork-Familie gekommen und haben kurz darauf Ihr zweites Kind bekommen. Wie schwer war es, vom Single-Dasein in eine Patchwork-Familie hineingeworfen zu werden?
Griss: Es hat mir geholfen, dass ich ein Kind gehabt habe. Das war ein großer Vorteil. Wenn ich diese Erfahrung nicht gehabt hätte, wäre es noch viel schwieriger gewesen. Allein dadurch, dass man für jemanden

verantwortlich ist, der seinen eigenen Willen hat, verändert sich das Leben völlig. Man wird bescheidener,
auch bescheidener in seinen Erwartungen, weil man
erkennt, dass nicht mehr alles so läuft, wie man selbst
will. Das war sehr heilsam für mich zu sehen, nicht
einfach so bestimmen zu können. Es war trotzdem
nicht leicht, neu anzufangen. Wobei ich damals gar
nicht so recht begriffen habe, dass es für die Kinder
meines Mannes noch viel schwerer gewesen sein
musste, die acht Jahre lang allein mit ihrem Vater gelebt hatten. Sie waren gewöhnt an ein Leben mit ihm,
und dann kommt jemand, der ganz anders ist. Was
mir geholfen hat war, dass die Frau, die sie betreut
hat, geblieben ist. Damit ist das tägliche Leben für die
Kinder mit der ihnen vertrauten Bezugsperson gleich
geblieben. Zusätzlich wurde das mögliche Konfliktpo-
tenzial dadurch verringert, dass ich mit meinen zwei
Kleinkindern so viel zu tun hatte, dass ich mich nir-
gendwo eingemischt habe.

Wie alt waren die Kinder Ihres Mannes?
Griss: 13, 14 und 15 Jahre. Wenn man sich da schon
aus Kapazitätsgründen zurücknehmen muss, ist das
sicher ein Vorteil. Wobei ich mich wahrscheinlich in
der Schule dennoch zu viel eingemischt habe, weil ich
anders geprägt war. Für mich war klar, dass man in
die Schule geht und versucht, alles zu schaffen. Dass
es da auch andere Vorstellungen gibt, war für mich
ein Gewöhnungsprozess. Ich habe gelernt, dass man
auch eine andere Einstellung zur Schule haben kann.
Ich habe dann versucht, zu unterstützen und nicht
mehr zu fragen: Ja, warum machst du denn das nicht,
warum lernst du nicht. Das hat aber eine Zeit gedauert, bis ich das verstanden habe. Das war lehrreich.

Die Beanspruchung war groß, und zwar für beide Seiten.

Im Grunde war es eine Dreifachbelastung, Ihre zwei Kinder, die drei Kinder Ihres Mannes, die neue Familie, das Gericht.
Griss: Ein Riesenglück war, dass mein Mann immer sehr viel Verständnis für meinen Beruf hatte. Sonst hätte es auch nicht funktioniert. Aus der Erfahrung von heute hätte ich aber damals sicher vieles anders gemacht. Ich hätte mich mehr in die Kinder meines Mannes hineinfühlen müssen. Das habe ich damals nicht in diesem Ausmaß gemacht, wie ich es heute machen würde. Aber alle drei haben Familien, es ist gut gegangen.

Sie zählen zu jenen, die sagt, dass Sie nicht diese Karriere hätten machen können ohne zusätzliche Hilfe?
Griss: Nein, das hätte ich nicht geschafft. Wenn man alles wirklich gut machen will – Familie, Kinder und Beruf –, ist das eine Riesenbelastung. Trotz der Hilfen, die ich hatte, hatte ich oft das Gefühl, weder den Kindern noch dem Beruf gerecht zu werden. Ich hatte das Gefühl, ich könnte es besser machen. In all diesen Jahren habe ich auch kein einziges Seminar besucht oder bin am Abend ausgegangen, weil ich bei den Kindern bleiben wollte. Das erste Mal bin ich 2003 mit Richtern nach China gefahren. Mein jüngerer Sohn war damals 16 Jahre alt. Schwer war es aber vor allem zu Beginn. Mein älterer Sohn hat das erste Mal mit 14 Monaten durchgeschlafen. Der Kinderarzt sagte damals: Wenn jetzt schon die Rechtsprechung darunter leidet, gebe ich Ihnen ein Schlafmittel. Er hat

dann aber durchgeschlafen – das Schlafmittel war nicht nötig.

Was war nach 40 Jahren als Single die größte Umstellung?
Griss: Man bekommt durch eine Familie eine andere Lebenserfahrung. Im Gerichtssaal kann man problemlos eine gewisse Ordnung herstellen, in der Familie läuft das anders. Da kann man nicht sagen: „Das habe ich Sie jetzt nicht gefragt." Das lehrt eine gewisse Demut, das erweitert gewaltig den Horizont und man lernt dabei viel als Mensch, weil man stärker den anderen zu sehen beginnt. Eine Patchwork-Familie ist auch deshalb eine ganz besondere Herausforderung, weil zum Unterschied zu eigenen Kindern man bei Stiefkindern nichts hat, auf das man zurückfallen kann. Wenn man mit den eigenen Kindern streitet, bleibt immer dieses Grundvertrauen. Bis man ein solches Vertrauen zu Stiefkindern aufbauen kann, dauert das sehr, sehr lange. Jedenfalls hat man viele Jahre, in denen man Angst hat, dass etwas zerbricht. Man wird gegenüber einem Stiefkind nie einen so scharfen Ton anschlagen wie gegenüber dem eigenen. Man verhält sich anders. Wenn man sich aber zurücknehmen muss und nicht ausspricht, was man gegenüber den eigenen Kindern ausspricht, ist das schwierig. Man kann ja auch nichts vormachen. Das ist eine große Herausforderung.

Hat sich diese neue Lebenserfahrung auf Ihren Beruf ausgewirkt?
Griss: Auf jeden Fall. Es kommt noch etwas Zweites hinzu. Ab dem Moment, in dem man Kinder hat, stellt sich die Sinnfrage nicht mehr. Man weiß, warum man

auf der Welt ist. Auch jeder Erfolg, den man im Beruf haben könnte, relativiert sich.

Da spricht jetzt stark die Frau und Mutter. Ein Mann würde das kaum sagen.
Griss: Vielleicht. Es kommt aus dem Gefühl der primären Verantwortlichkeit gegenüber den Kindern. Man hat als Frau eine andere Beziehung zu den Kindern, weil man sich unmittelbar, auch körperlich, für sie verantwortlich fühlt.

Alice Schwarzer würde jetzt Schluckauf bekommen und darauf verweisen, dass dies einem traditionellen Rollenbild entspricht: Frau sorgt sich um die Kinder, Mann verdient.
Griss: Natürlich ist das eine kulturelle Prägung der Frau, aber ich glaube, dass es auch eine biologische Prägung ist. Das bedeutet nicht, dass eine Frau deshalb keine Karriere machen soll. Ich finde es aber schlecht, dass man sein ganzes Sinnen und Trachten danach ausrichtet, im Beruf etwas zu erreichen. Wenn man irgendetwas erreicht hat, relativiert sich das ja nach dem Erreichen ohnehin. Ich ziehe zumindest immer nur eine Befriedigung aus einer Sache, wenn ich das Gefühl habe, ich mache das halbwegs gut.

Es ist recht einfach zu sagen, der Erfolg relativiert sich, wenn man ihn hat. Und Sie hatten ihn.
Griss: Das stimmt schon. Vielleicht würde ich es anders sehen, wenn ich am Handelsgericht geblieben wäre und meine Bewerbung an das Oberlandesgericht nicht erfolgreich gewesen wäre. Das hat aber noch nichts mit Karriere zu tun, das ist der normale Ablauf.

Wenn Sie sagen, mit Kindern relativiert sich jeder berufliche Erfolg, meinen Sie damit Frauen oder auch Männer?
Griss: Beide. Es sagen das heute auch schon sehr viele Männer. Das sehe ich bei meinem eigenen Sohn. Er ist Vollvater und sein Leben ist mit den Kindern ausgefüllt. Natürlich arbeitet er auch, aber der Beruf ist nicht das Einzige, das ihn interessiert.

Hat sich Ihnen die Sinnfrage vor der Geburt Ihres Kindes gestellt?
Griss: Ja, ich habe immer wieder darüber nachgedacht, was ich eigentlich mit meinem Leben machen will.

Was war Ihre Antwort?
Griss: Dass ich alles, was ich mache, gut machen will.

Das klingt aber sehr theoretisch. Haben Sie sich als 37-jähriger kinderloser Single wirklich nur gesagt, alles so gut wie möglich machen zu wollen ohne sich zu fragen: Will ich Kinder, will ich allein bleiben?
Griss: Nein, das habe ich mich nicht gefragt. Ich bin auch nie davon ausgegangen, dass ich einmal Familie haben werde.

Warum?
Griss: So wie ich Familie bei meiner Mutter erlebt habe, war das harte, sehr harte Arbeit und ein schwieriges Leben für eine Frau. Ich habe auch nie den Sinn meines Lebens darin gesehen, einmal Kinder zu haben. Genauso wenig habe ich mir gesagt: Ich hätte jetzt gerne ein Kind. Ich wollte immer etwas lernen, so habe ich etwa fünf Französisch-Sommerkurse in Frankreich gemacht, jedes Mal vier Wochen.

Das Lebensziel war also eher ein sechster Französisch-Kurs und nicht eine Familie zu haben?

Griss: Eine Familie zu haben war nie mein Lebensziel. Das hat sich ergeben und darüber bin ich sehr froh. Mein Ziel war, mich auf einem Gebiet wirklich gut auszukennen. Ohne Familie hätte ich mich noch mehr auf das Lernen von Sprachen konzentriert und hätte wissenschaftlich gearbeitet.

Nach Ihrem zweiten Kind haben Sie nach einem Jahr Karenz wieder zu arbeiten begonnen?

Griss: Ja, aber ich wollte eigentlich länger in Karenz bleiben. Ich war in Graz und habe damals einen Antrag auf Verlängerung der Karenz gestellt. Das Oberlandesgericht – ich war Richterin am Oberlandesgericht Wien – hat das auch befürwortet. Das Justizministerium hat die Verlängerung aber mit dem Argument abgelehnt, wenn sie es mir gestatten, dann kommen auch andere und wollen ebenfalls länger in Karenz bleiben. Ich habe dann im September, kurz vor dem ersten Geburtstag meines Sohnes Rudolf, erfahren, dass ich am 6. Oktober wieder zu arbeiten beginnen muss, hatte aber fix damit gerechnet, dass mir die Karenz verlängert wird. Ich musste binnen Wochen alles organisieren, weil ich nach Wien zurück musste. Der zuständige Sektionschef im Ministerium, mit dem ich gesprochen habe, sagte mir, er könne mir die Karenz nicht verlängern, aber wenn ich wolle, könne ich mich als Staatsanwältin bewerben. Dort sei man flexibler. Ich sagte ihm, ich wolle nicht Staatsanwältin werden, ich möchte Richterin bleiben.

Wofür haben Sie sich dann entschieden?

Griss: Ich habe mit dem Präsidenten des Oberlandesgerichts gesprochen und er sagte: Sie müssen zu den

Verhandlungen in Wien sein, aber es ist mir völlig egal, wo Sie Ihre Arbeit machen. Ich konnte somit zu Hause in Graz arbeiten und bin zu den Verhandlungen nach Wien gefahren. Es wäre aber alles nicht möglich gewesen, wenn mein Mann, der Alleinerzieher von drei Kindern gewesen ist, nicht schon jemanden gehabt hätte, der seine Kinder und den Haushalt betreut.

Was halten Sie vom Ratschlag von Yahoo-Vorstand Marissa Mayer, Frauen sollten am besten schnell nach der Geburt die Milchpumpe mit ins Büro nehmen?
Griss: Davon halte ich gar nichts. Ich habe in meiner einjährigen Karenz nichts mit Rechtswissenschaften am Hut gehabt. Als ich nach einem Jahr den ersten Akt wieder in der Hand hatte, ist mir das leicht gefallen. Ich hatte durch die Unterbrechung überhaupt keinen Nachteil. Wenn ich es anders gemacht hätte, hätte ich mich fast ruiniert. Ich weiß auch nicht, wie lange ich das bei meinem ersten Kind durchgehalten hätte. Vielleicht gibt es Frauen, die diese Energie haben, ich hätte sie nicht gehabt.

Irmgard und Gunter Griss mit ihrer Großfamilie

„Männer
haben Angst
vor Macht-
verlust und
schotten sich
deshalb ab"

Sie waren die erste Frau an der Spitze des Obersten Gerichtshofes, ohne dass Sie je durch eine Quote bevorzugt worden wären. Was halten Sie von Quoten?
Griss: Quoten sind eine absolute Notmaßnahme. Ich bin überzeugt, dass es genug qualifizierte Frauen gibt. Im Staatsdienst haben wir ja Quoten. Solange nicht 40 Prozent der Positionen mit Frauen besetzt sind, müssen sie bei gleicher Eignung bevorzugt genommen werden.

Die Frage ist, wie sich diese Eignung feststellen lässt.
Griss: Da gibt es einen großen Spielraum, und da gibt es sicher auch vorauseilenden Gehorsam.

Sind Quoten eine notwendige Notmaßnahme?
Griss: Wenn es anders nicht funktioniert, bin ich für Quoten.

Die Zahlen weiblicher Geschäftsführer oder Aufsichtsräte beweisen, dass es bislang nicht funktioniert.
Griss: Deshalb wären Quoten für eine Übergangszeit hilfreich, weil sie bewusstseinsbildend wirken und für Frauen motivierend sein können. Persönlich gefällt mir die Quote aber nicht, weil der Vorwurf „Quotenfrau" schnell bei der Hand ist. Bei einer Partei müsste aber die Hälfte der Funktionsträger Frauen sein. Eine Partei sollte ja die Bevölkerung widerspiegeln.

Was nicht immer der Fall ist.
Griss: Da spielen die Ängste der Männer vor Machtverlust mit, deshalb schotten sie sich ab.

Was halten Sie von einer gesetzlichen Vorgabe?
Griss: Gesetzliche Regelungen halte ich in diesem Zusammenhang für ein Armutszeugnis. Eine 50:50-Auftei-

lung sollte in Parteien selbstverständlich sein. Wenn eine Partei nicht gescheit genug ist, eine solche Regelung für sich einzuführen, müssten sie die Wähler bestrafen.

In Oberösterreich sitzt seit der Wahl 2015 überhaupt keine Frau mehr in der Landesregierung.
Griss: Das verstehe ich nicht. Das kann doch heute kein Modell mehr sein – eine Landesregierung ohne Frauen.

Spricht das nicht für eine gesetzliche Regelung, um männliche Machtstrukturen aufzubrechen?
Griss: Die Wähler müssten entsprechend reagieren. Wenn Leute bereit sind, solche Volksvertreter zu wählen, fehlt offensichtlich das Bewusstsein.

Im Parlament würde sich aber wohl eine Mehrheit für eine gesetzliche Regelung finden, nach der in Landesregierungen und in der Bundesregierung mindestens 40 Prozent Frauen vertreten sein müssen.
Griss: Da könnten Sie recht haben, weil jene, die abstimmen, nicht von dieser Regelung betroffen wären. Das wäre aber ein Armutszeugnis für die Parteien.

Ein solches Armutszeugnis existiert in Oberösterreich.
Griss: Das stimmt. Wenn es so viel Uneinsichtigkeit gibt, dann muss offenbar der Gesetzgeber einschreiten. Es ist aber absurd, dass Parteien dazu gezwungen werden müssen.

Angela Merkel sagt, ohne Quote wäre sie nicht, wo sie heute ist.
Griss: Das größte Hindernis bei den Frauen ist aber vor allem auch das fehlende Selbstvertrauen. Das war

bei Merkel sicher nicht der Fall. Im Gegensatz zu Frauen haben die meisten Männer eine klare Karriereplanung. Viele Frauen sind weniger zielgerichtet und weit abhängiger vom Urteil anderer.

Vom Urteil anderer sind wir doch alle in gewisser Weise abhängig.
Griss: Ich glaube, es ist überhaupt eine der großen Herausforderungen eines Menschen, dass man vom Urteil anderer unabhängig wird.

Kann man sich das als selbstkritischer Mensch überhaupt wünschen?
Griss: Nein, sonst würde man als Autist durchs Leben gehen. Ich meine etwas anderes. Als Rechtsanwaltsanwärterin war ich immer hocherfreut, wenn mein Chef sagte, dass etwas gut war. Wenn er viel ausgebessert hat, habe ich mich geärgert. Aber wenn man das Beste gegeben hat, muss man auch zu sich sagen: Es ist nicht besser gegangen. Als Richterin fällt man ein Urteil, ohne dass vorher jemand sagt, ob es so passt. Ich glaube, es ist wichtig, so weit zu kommen, dass man nicht vom Lob oder vom Tadel anderer abhängig ist. Man kann sonst den Boden unter den Füßen verlieren, wenn man massiv kritisiert wird. Das ist vor allem bei Frauen stark ausgeprägt. Die wenigsten Frauen sagen: Ich bringe diese gute Leistung und möchte dafür entsprechend bezahlt werden.

Worauf führen Sie dieses Verhalten zurück? Auf die Erziehung?
Griss: Das ist eine Frage der Sozialisation. Die Frau lernt, bescheiden zu sein, sich eher im Hintergrund zu halten. In einer Rundfunksendung, in der Menschen

anrufen und von Erfahrungen berichten konnten, habe ich einmal eine Mutter gehört, die vom Gehalt ihrer Tochter erzählt hat. Ein männlicher Kollege mit gleicher Ausbildung und kürzerer Zeit im Unternehmen hat gleich von Beginn an wesentlich mehr verdient, obwohl sie ihn eingeschult hatte.

Was würden Sie Frauen raten?
Griss: Mehr Selbstvertrauen und sich vom Urteil anderer unabhängig machen. Und sich sagen: Meine Leistung ist das wert – und das nicht nur, wenn der Chef das sagt. In den USA darf jetzt bei Bewerbungen kein Foto und kein Alter mehr angefordert werden.

Halten Sie eine geschlechtsneutrale Bewerbungsvorschrift für sinnvoll?
Griss: Es hat viel für sich. Wenn man Chancengleichheit schaffen will, muss man dafür sein. Was will ein Unternehmen? Es will jemanden, der qualifiziert ist. Es kann ihm also gleich sein, ob das ein Mann oder eine Frau ist.

Eine Frau birgt das Risiko, dass sie in Karenz geht.
Griss: Auch Männer können in Karenz gehen.

Das ist noch eine Minderheit.
Griss: Das ist aber kein Grund, Männer zu bevorzugen. Es ist auch die gesellschaftliche Verpflichtung von Unternehmen, die auch in Zukunft Arbeitskräfte brauchen, Frauen und Männer gleich zu behandeln.

Es werden aber Männer bevorzugt.
Griss: Ja, deshalb sollte man geschlechtsneutrale Bewerbungen machen. Denn wenn Unternehmer einmal

einen Lebenslauf sehen und dann zu einem Vorstellungsgespräch einladen, ist schon eine wichtige Hürde genommen und viel gewonnen.

Sie sind gerade gefragt worden, wie wichtig Sie das Binnen-I empfinden und meinten, es sei nicht wirklich wesentlich. Glauben Sie nicht, dass Sprache Bewusstsein schafft?

Griss: Das passiert ja. Als ich am Handelsgericht begonnen habe, schrieben wir noch: Das Handelsgericht Wien hat durch den Richter Irmgard Reiterer ... Man sagte, das sei die abstrakte Bezeichnung eines Amtes. Ich hätte aber nie von mir gesagt, ich bin ein Richter, sondern natürlich, ich bin eine Richterin. Wenn ich jemanden anspreche, verwende ich das jeweils passende Geschlecht. Das Binnen-I ist aber sprachlich nicht schön und erschwert die Lesbarkeit. Eine Professorin in Berlin sagt, dass das Binnen-I auch nichts bringt, weil die Transgender-Personen sich dadurch nicht angesprochen fühlen. Sie schlägt die Endung -x vor. Man sagt also nicht mehr Professor, sondern Professx. Das ist eine Möglichkeit. Ich glaube aber, dass sie unserer Sprache Gewalt antut. Das wäre ein zu hoher Preis. In den USA ist es in manchen Kreisen üblich geworden, nur die weibliche Form zu verwenden.

Wie auch die Universität Leipzig beschlossen hat, nur mehr die weibliche Form zu verwenden.

Griss: Ja, auch das ist möglich. Ich halte das aber eher für einen Gag.

*Warum ein Gag, wenn über Jahrhunderte Frauen sich
in der männlichen Form angesprochen fühlen mussten?*
Griss: Ich glaube, wir sollten zum Beispiel den Begriff
Richter als abstrakte Bezeichnung verstehen, die alles
umfasst.

*Warum soll die abstrakte Bezeichnung dann nicht
Richterin heißen?*
Griss: Das ist eine Geschmacksfrage. Für mich sind
das aber auch in einem großen Ausmaß Scheingefech-
te. Das sind doch nicht die wirklichen Probleme.

*Die wirklichen Probleme sind die Einkommensunter-
schiede?*
Griss: Ja, das ist wirklich unzumutbar. Da müsste
man etwas tun. Man könnte sicher durch kollektivver-
tragliche Regelungen etwas bewirken. Das wäre auch
bewusstseinsbildend, selbst wenn es wieder Hunderte
Schlupflöcher gibt. Da sind wir auch wieder beim
Selbstvertrauen der Frauen.

Kann nicht auch Sprache zum Selbstvertrauen beitragen?
Griss: Wir haben jetzt schon über 50 Prozent Richterinnen.

*Da könnte man sagen, bei über 50 Prozent Frauen gilt
die weibliche Bezeichnung.*
Griss: Das ist kindisch. Ob es noch irgendjemanden
gibt, der glaubt, es gebe nur Richter, weil die Bezeichnung Richter lautet?

Aber darum geht es doch nicht.
Griss: Worum geht es dann? Das ist doch immer das
Argument, man müsse das Binnen-I oder eben immer

auch die weibliche Form verwenden, um zu zeigen, dass es in diesem Beruf oder Bereich auch Frauen gibt. Übrigens, es gab jetzt eine Werbung von Microsoft, die nur die weibliche Form verwendet hat.

Empfinden Sie das nicht als bewusst gesetztes,
starkes Signal an Frauen?
Griss: Natürlich macht das Microsoft nicht, weil sie damit zur Emanzipation der Frauen beitragen wollen, sondern aus werbestrategischen Überlegungen. Es ist mir auch die Verwendung der weiblichen Form wie in Leipzig lieber als die Verwendung des Binnen-I. Wobei ich zugeben muss, dass wir an der Universität Graz den Fonds für die Förderung junger Forscherinnen und Forscher „JungforscherInnen-Fonds" genannt haben, um Frauen zu signalisieren, sie sind auch gemeint. Einige Unirats-Mitglieder haben ihre Vergütungen dafür gewidmet.

Eine bewusste Entscheidung und keine Geschmacks-
frage?
Griss: Eine bewusste Entscheidung.

Finanziert mit Vergütungen, auf die Sie verzichtet
haben?
Griss: Ja, allein aus meinen Vergütungen für zehn Jahre Unirats-Tätigkeit sind rund 60.000 Euro in den JungforscherInnenfonds geflossen. Ausgangspunkt für die Binnen-I-Frage war übrigens, dass bei einer Diskussion im ORF Angelika Kirchschlager erzählte, sie wollte einmal Goldschmied werden und dafür gerügt wurde. Diese Zensur hat mich einfach gestört. Etwas anderes ist es bei einem Vortrag. Bei einem Vortrag über werteorientierte Führung in St. Gallen,

den ich auf Englisch gehalten habe, habe ich vorher gefragt, wie ich ihn geschlechtergerecht halten kann. Die Antwort war, dass viele im Englischen nur die Mehrzahl verwenden. Im Deutschen haben wir aber noch keine befriedigende Lösung gefunden. Wahrscheinlich ist der bessere Ausweg wirklich, wenn man die weibliche Form nimmt. Es gibt aber Auswüchse. Bei Gericht hatten wir einen Fall, wo von Mitgliederinnen gesprochen wurde. Oder in den USA wurde in den 80er-Jahren erklärt, man könne nicht mehr history sagen, sondern nur mehr herstory. Gegen solche Auswüchse und dogmatische Vorgaben bin ich allergisch.

Bei der Bundeshymne gehörten Sie zur Töchter- oder Nur-Söhne-Fraktion?
Griss: Das ist heute keine Frage mehr. Ich finde aber, dass Töchter-Söhne sprachlich, vom Versrhythmus her, keine befriedigende Lösung ist. Es passt aber auch nicht, dass nur die Söhne erwähnt werden.

Schwingt da Skepsis gegenüber der Neufassung mit?
Griss: Nein. Für mich ist die Frage, ob eine Hymne etwas Unveränderliches ist oder ob sie nicht auch die Einstellung einer Zeit widerspiegeln soll. Ob es hier nicht einen Nachdenkprozess geben soll, was heute als verbindender Text angemessen ist. Das kann etwas anderes sein als das Besingen der landschaftlichen Schönheiten, der Industrie, des Landes der Hämmer.

Eine neue Hymne?
Griss: Es müsste ein Nachdenkprozess sein, ob ein neuer Text unsere heutige Gemeinsamkeit besser zum Ausdruck bringen kann. Warum sollte man nicht wie-

der wie nach dem Krieg einen Wettbewerb für eine neue Hymne ausschreiben? Seither sind fast 70 Jahre vergangen. Eine kosmetische Korrektur wie derzeit ist doch nicht befriedigend. Es war zwar hoch an der Zeit, dass man es geändert hat, aber die Töchter-Lösung finde ich nicht optimal. Sprachlich war es ein Kompromiss.

Sie würden also für eine Änderung eintreten?
Griss: Ich würde eine Diskussion anstoßen, insgesamt darüber nachzudenken, was unsere gemeinsamen Werte sind, was unverhandelbar für uns ist. Eine neue Hymne könnte ein Ergebnis einer solchen Grundsatzdebatte sein.

Was ist unverhandelbar für Sie außer der Menschenwürde, der Gleichstellung von Mann und Frau?
Griss: Ist das alles so klar? Eine solche Diskussion wäre ein Weg, dass man einmal wirklich darüber nachdenkt. Ich glaube, der Ausgangspunkt für alles muss der Respekt vor der Würde des Menschen sein.

Wie es in der Charta der EU festgeschrieben ist.
Griss: Aber wie viele Menschen wissen, was in der Grundrechtecharta festgeschrieben ist?

Bei der Hymne sind Sie einmal nach dem Anfang gefragt worden und konnten sich nicht erinnern. Haben Sie sie mittlerweile gelernt?
Griss: Das war vor zehn Jahren. Damals habe ich „Heimat bist du großer Söhne" als Anfang genannt, weil ich gerade darüber nachgedacht hatte, dass die Diskussion über die Nennung auch der Töchter eingeschlafen war. Wie schon zuvor weiß ich aber natürlich, wie die

Hymne beginnt. Ich rechne aber damit, dass der ORF diese Szene noch einige Male zeigen wird.

Es wurde allerdings nicht dazugesagt, dass es sich dabei um eine Veranstaltung vor zehn Jahren gehandelt hat.
Griss: Das gehört wahrscheinlich schon zum Wahlkampf.

Sie meinen die bewusste Bloßstellung einer Kandidatin für das Bundespräsidentenamt, die nicht einmal die Hymne kennt?
Griss: Bewusst möchte ich nicht sagen, aber fair wäre es, wenn die Jahreszahl beigefügt wäre. Es ist aber weniger herabsetzend als das Video von Erwin Pröll auf Youtube, in dem er einen Pfarrer grob rüffelt.

Jetzt haben wir Leipzig aus den Augen verloren.
Griss: Es gibt auch Wichtigeres.

Das stimmt, aber wir haben Zeit. Und mit dem Totschlagargument, es gebe Wichtigeres, haben Männer über Jahrzehnte versucht, Anliegen von Frauen unter den Teppich zu kehren.
Griss: Da haben Sie recht. Also zu Leipzig. Es spricht nichts dagegen, dass wir auch in Österreich eine solche Lösung wie die Universität Leipzig einführen. Es wäre jedenfalls besser als die Schreibweise Rektor/Rektorin in jeder Zeile oder das Binnen-I. Eine solche Änderung ist aber leichter, als Grundsätzliches zu ändern – wie gleiches Einkommen für Männer und Frauen. Das ist mühsamer. Das ist auch der Grund, warum mich oft die Debatten über das Binnen-I stören. Sie wirken auf mich wie ein Ablenkungsmanöver.

„Die Freiheit der Presse ist nicht immer gegeben"

Als Ferialpraktikantin beim ORF hat Sie das Verhält-
nis zwischen Journalisten und Politikern gestört.
Wie beurteilen Sie dieses Verhältnis nach den Erfah-
rungen des letzten Jahres und als Mitglied des
Presserats?

Griss: Sehr unterschiedlich. Es gibt Journalisten, die
es wagen, Dinge offen zu sagen. Es gibt aber auch viele, die sehr angepasst sind. Die Freiheit der Presse ist
nicht so groß, wie sie sein sollte, dass also ein Journalist schreibt, was er als wahr annimmt und sich das
auch traut. Manche Journalisten haben eine Schere
im Kopf. Es braucht daher gar keine Zensur von außen, sondern die Presse verzichtet oft aus freien Stü-
cken, etwas zu bringen.

Woran denken Sie?

Griss: Über manche Themen wird viel berichtet, über
andere, deren Auswirkungen vielleicht sogar gravie-
render sind oder jedenfalls gleich gravierend, kaum.
Ein Beispiel: Die Entwicklung der Bank Austria, die
mit dem Zusammenschluss von Länderbank, Zentralsparkasse und Kommerzialbank Wien sowie der Cre-
ditanstalt begonnen hat und an der die Stadt Wien
über die Anteilsverwaltung Zentralsparkasse maß-
geblich beteiligt war. Heute gehört die Bank Austria
der UniCredit und die Stadt Wien hat Einfluss und
Vermögen verloren. Das wurde und wird im Vergleich
zur Kommunalkredit oder zur Hypo in den Medien
kaum thematisiert. Die Scheinwerfer der Medien sind
unterschiedlich eingestellt.

Worauf führen Sie es zurück, dass der Verkauf der Bank Austria durch die Stadt Wien nicht so stark im medialen Scheinwerferlicht gestanden ist? Auf die Macht der Gemeinde Wien als mächtiger Inseraten-kunde?

Griss: Diese Parallelität wird kein Zufall sein. Ich sehe natürlich die Probleme der Medien, die finanziell in einer schwierigen Situation sind. Es ist eine Gratwanderung, und es ist mir klar, dass hier Kompromisse geschlossen werden. Dass Medien aus wirtschaftlichen Rücksichten nicht so umfassend und in die Tiefe gehend berichten, wie sie das eigentlich als public watch dog müssten.

Das setzt voraus, dass sich jedes Medium in der Rolle des public watch dog sieht. Glauben Sie, dass sich alle in dieser Rolle sehen?

Griss: Aber das ist die Rolle, die der Europäische Gerichtshof für Menschenrechte den Medien zuschreibt. Das ist auch die Rolle, die die Privilegien der Medien rechtfertigt. Sie dürfen jemanden angreifen, beleidigen, sie können sehr harsch in ihren Urteilen sein. Weil eine freie Gesellschaft eine freie Presse braucht. Ohne freie Presse gibt es auch keine freie Gesellschaft. Die Demokratie ist ohne freie Medien nicht lebensfähig, die Pressefreiheit ist einer ihrer Grundpfeiler. Sie soll sicherstellen, dass wahrheitsgemäß und auch vollständig informiert wird. Nur wahrheitsgemäß und auch vollständig informierende Medien sind ein public watch dog, wie sich das der Europäische Gerichtshof für Menschenrechte vorstellt. Es ist aber nicht nur die Kontrollfunktion, die freie Medien für die Demokratie unverzichtbar macht. Die Demokratie braucht informierte Bürger und Bürgerinnen. Nur wer weiß, worum es geht, kann auch vernünftig mitbestimmen. Die Medien werden aber nicht dafür bezahlt, dass sie kontrollieren und wahrheitsgemäß und umfassend informieren, sondern sie bieten ihr Produkt auf dem Markt an. Das bedingt Konzessionen an den tatsächlichen oder vermeintlichen Publikumsgeschmack und an Inserenten. Das sind Konzessionen, die nicht immer mit der Kontrollfunktion und der Informationsfunktion vereinbar sind. Es kommt zu Fehlentwicklungen, die nicht allein auf den Druck des Marktes zurückzuführen sind. Sie können von der Nichtinformation über die Falschinformation bis zur Manipulation reichen und – auf den Einzelnen bezogen – von der Kreditschädigung bis zur Verleumdung. Was wiederum nicht überraschend ist, weil wie jede Macht lädt auch die Medienmacht zum Missbrauch ein und muss daher auch kontrolliert werden.

Wie verträgt sich ein staatlicher Oberzensor mit der notwendigen Pressefreiheit?
Griss: Ein staatlicher Oberzensor ist ausgeschlossen. Daher wird auch die Lösung in der self governance gesehen, der Selbstkontrolle der Medien. In Österreich gibt es seit fünf Jahren wieder einen Presserat, sozusagen einen watch dog der watch dogs. Leider sind die auflagenstarken Medien nicht Mitglieder des Presserats; sie nehmen an den Verfahren nicht teil und akzeptieren daher auch die Entscheidungen nicht. Ein zweiter Schwachpunkt ist die Regelung, dass eine Beschwerde an den Presserat nur eingebracht werden kann, wenn der Beschwerdeführer darauf verzichtet, eine Klage gegen das Medium bei Gericht einzubringen. Der Presserat ist zwar nicht ganz zahnlos, sollte aber mehr Biss haben.

Was schlagen Sie vor, um Fehlentwicklungen zu verhindern oder abzustellen?
Griss: Eine ganz wesentliche Rolle kommt den Medienkonsumenten zu. Sie müssten kritischer sein, sie dürften sich nicht von Medien einlullen lassen, die ihnen etwas vorgaukeln oder sie gar manipulieren.

Sie glauben, Konsumenten verändern zu können?
Griss: Ich würde nicht sagen verändern. Es müsste ein Unterrichtsfach „Kritisches Denken" geben. Kritisches Denken ist ja ganz allgemein wichtig, ganz besonders aber gegenüber den Medien. Wenn Menschen Artikel hinterfragen und sehen, dass es sich dabei nicht um Information handelt, sondern in Wahrheit um Manipulation, werden sie bestimmte Zeitungen nicht mehr kaufen. Der Staat kann das nicht ändern.

Er könnte über die Presseförderung einschreiten und lenken.
Griss: Das stimmt. Das derzeitige System, in dem die Presseförderung mehr oder weniger mit der Gießkanne verteilt wird, sport jedenfalls nicht zu besserer Qualität an.

Sie halten neue Kriterien bei der Vergabe der Presseförderung für notwendig?
Griss: Ja, aber ich muss zugeben, dass es nicht einfach ist, Qualitätsstandards festzulegen und ihre Einhaltung zu überprüfen. Alles, was einer inhaltlichen Überprüfung und Bewertung von Medien auch nur nahekommt, gerät leicht in den Verdacht der Zensur. Es wäre daher sicher eine Herausforderung, solche Standards aufzustellen. Andererseits müsste der Staat doch einen Anreiz schaffen, Qualität zu bieten. Denn

warum fördert der Staat die Presse? Er tut es doch deshalb, weil eine freie Presse für die Demokratie unverzichtbar ist und eine freie Qualitätspresse ohne staatliche Unterstützung nicht oder nur schwer überleben kann.

Sie halten solche Qualitätskriterien bei einer Presseförderung auch im Sinne der Gleichbehandlung für umsetzbar?
Griss: Die Verfassung verlangt Gleichbehandlung, erlaubt aber sachliche Differenzierungen. Die Festlegung von Kriterien ist natürlich schwierig, weil hier immer Wertungen einfließen. Das heißt aber nicht, dass es deshalb unmöglich ist. Man sollte es versuchen. Rein rechtlich wäre es umsetzbar.

Dies in der Praxis festzumachen ist doch nahezu unmöglich.
Griss: Das würde ich nicht sagen. Es ist doch ein Unterschied, ob eine Zeitung über Hintergründe und verschiedene Gesichtspunkte berichtet, Fakten und Meinung trennt, sich bemüht, umfassend zu informieren, oder ob sie Unwesentliches in den Vordergrund stellt und als Sensation aufmacht, weil es mehr Aufmerksamkeit schafft.

Juristisch wäre eine Ungleichbehandlung möglich, wenn sie sachlich begründbar ist. Aber wer würde das entscheiden? Ein Schiedsgericht?
Griss: Da müsste man eine Institution schaffen, die im Streitfall darüber entscheidet. Warum nicht? Wir lassen über alle möglichen Fragen Richter oder Kommissionen entscheiden.

„Karriere hängt stark davon ab, ob man zur rechten Zeit am rechten Ort ist"

Sie haben als Richterin eine nicht zu übertreffende Karriere gemacht. Was war wesentlich auf diesem Weg?
Griss: Die Karriere hängt sehr stark davon ab, ob man zur rechten Zeit am rechten Ort ist.

Die rechte Zeit war eine schwarz-blaue Regierung, in der eine damals blaue Justizministerin Sie als Präsidentin des Obersten Gerichtshofes vorgeschlagen hat.
Griss: Ich bin 2005 Senatsvorsitzende geworden, 2006 Vizepräsidentin und 2007 Präsidentin. Ins Amt eingeführt hat mich Justizministerin Maria Berger. Justizministerin Karin Gastinger hat mich vorgeschlagen. Das war aber nicht das allein Entscheidende. Entscheidend sind immer auch die anderen Bewerber. Wenn ich eine Mitbewerberin gehabt hätte, die mir im Rang vorgegangen wäre und auch noch mehrere Jahre bis zur Pension gehabt hätte, wäre ich wohl nicht Präsidentin des Obersten Gerichtshofes geworden. Das ist ein Faktum. Als ich mich aber beworben habe, hatte ich keine Mitbewerberin, auf die das zugetroffen hätte.

Sie hatten keine politischen Verbindungen zu ÖVP oder FPÖ?
Griss: Nein, die hatte ich nicht. Es war damals aber sicher ein Glücksfall, dass Karin Gastinger Ministerin war. Sie war für meine Art, an die Dinge heranzugehen, und meine Einstellung zu den Aufgaben eines Richters sehr aufgeschlossen. Sie sagte zu mir: Ja, so denke ich auch.

Glauben Sie, dass auch das Geschlecht eine Rolle spielte?
Griss: Das glaube ich schon. Es war aber sicher auch ein Vorteil, dass ich als Richterin einen guten Ruf

hatte. Wenn aber die damalige Vizepräsidentin gleich alt wie ich gewesen wäre, wäre ich es nicht geworden. Höchstwahrscheinlich wäre es dann sie geworden.

Inwieweit war dieser letzte Karriereschritt für Sie eine Zäsur in Ihrem Leben?
Griss: Es war schon eine Zäsur, weil ich ja unbedingt in der Rechtsprechung bleiben wollte. Die erste Reaktion der Kollegen am Obersten Gerichtshof war aber, dass sie es abgelehnt haben. Eine Präsidentin in der Rechtsprechung sei ausgeschlossen, wurde mir erklärt.

Wie haben Sie den Personalsenat, der dies entscheidet, überzeugt?
Griss: Die Abwehr war am Beginn ziemlich geschlossen. Von meinen unmittelbaren Vorgängern ist auch keiner in der Rechtsprechung gewesen. Ich hatte damals das Gefühl, man nimmt mir mein Kind weg. Das wäre für mich furchtbar gewesen.

Sie hatten nach 30 Jahren in der Rechtsprechung noch nicht genug?
Griss: Nein, wenn man nicht mehr in der Rechtsprechung ist, ist man ja kein Richter mehr. Man redet dann auch mit den Richtern nicht mehr auf einer Ebene. Natürlich war der Widerstand gegen meinen Wunsch, weiterhin zu judizieren, nicht völlig unbegründet. Meine Kolleginnen und Kollegen hatten Angst, dass ich dann eben zu wenig Zeit für das Präsidium und die allgemeinen Angelegenheiten hätte. Sie wussten ja, dass ich gerne judiziere. Sie haben mir dann aber doch einen kleinen Teil gelassen, und zwar am Beginn die Markenrechtsstreitigkeiten.

Im zweiten Jahr haben Sie dann die Patentsachen dazubekommen?

Griss: Ja, und wieder ein Jahr später den Vorsitz im Kartellsenat.

Und zusätzlich haben Sie versucht, neuen Wind in den Obersten Gerichtshof zu bringen.

Griss: Das Erste, was ich geändert habe, war der Zutritt zur Zentralbibliothek. Man konnte nur von acht bis 16 Uhr in die Bibliothek. Auch Richter, obwohl sie keine fixe Dienstzeit haben. Das hat mich immer gestört. Wir haben die Zeit gleich gelassen, aber die Richter bekamen einen Schlüssel zur Bibliothek. Sie konnten die Bibliothek von nun an rund um die Uhr nützen. Da einige dagegen waren, haben wir anfangs einen Probebetrieb für vier Wochen eingeführt. In diesen vier Wochen ist nichts passiert, niemand hat ein Buch mitgenommen oder falsch ins Regal gestellt. Das Zweite war eine Nachkontrolle der Entscheidungen. Die Entscheidungen wurden also nachträglich auf Fehler und Verständlichkeit kontrolliert. Eine weitere Änderung war die elektronische Zustellung der Entscheidungen durch den OGH.

Warum gab es Widerstand gegen die längere Öffnung der Bibliothek?

Griss: Ein Kollege hat befürchtet, dass die Bibliothek devastiert werden könnte. Ich habe ihm gesagt: Wenn wir das von Richtern befürchten, können wir zusperren. Dann können wir auch nicht verantworten, dass wir über die Angelegenheiten anderer Menschen entscheiden.

Haben Sie ihn überzeugt?

Griss: Er war ziemlich lange böse auf mich.

*Es dürfte auch länger gedauert haben, bis Sie Ihre
Kollegen von der Notwendigkeit einer Nachkontrolle
der Entscheidungen überzeugt haben.*
Griss: Das stimmt. Für mich war unhaltbar, dass in
OGH-Entscheidungen Tippfehler, Rechtschreibfehler,
sinnstörende Fehler vorkamen. Der Gipfel war erreicht, als in einer Entscheidung zwischendurch Zeilen gefehlt und Sätze im Nichts geendet haben. Das
war eine Zumutung. Ich wusste, dass ich etwas ändern muss. In anderen Ländern gibt es für die Nachkontrolle eine eigene Einrichtung, die etwa mit Lingu-
isten oder Gerichtsschreibern besetzt ist. Wir hatten
aber keinen Posten dafür. Mir war klar, dass man bei
der Schreibabteilung ansetzen muss. Ich habe mich
also gefragt, was wir dort ändern können. Denn die
Texte wurden ja von den Schreibkräften zur Kontrolle
gelesen, aber offenbar hat das nicht gereicht. Meine
Idee war, die Texte immer von jemandem lesen zu lassen, der sie nicht geschrieben hat, und auch nicht von
einer zweiten Schreibkraft, sondern von jemandem
aus einer anderen Abteilung. Das hat zu einem Auf-
ruhr in der Schreibabteilung geführt. Sie haben sich
alle beschwert, sind zu mir gekommen, haben mir gesagt, dass sie das nicht machen wollen und waren bis
zum Schluss so verärgert, dass sie nicht zu meiner
Abschiedsfeier gekommen sind.

Sie haben sie also nicht überzeugen können?
Griss: Nein, aber das ist das Leben. Ich musste es machen, weil wir einen Ruf zu verlieren hatten. Fehler in
OGH-Entscheidungen kann man gegenüber den Menschen nicht verantworten. Was hinzugekommen ist,
war die Zeiteinteilung in der Schreibabteilung. Manche kamen schon um sechs, konnten aber keine Akten

bearbeiten, weil die Leiterin die Akten in ihrem Kasten eingeschlossen hatte und erst um sieben Uhr gekommen ist. Was ebenfalls eine Änderung notwendig machte.

Damit haben Sie sich nicht beliebt gemacht.
Griss: Nein, damit macht man sich nicht beliebt. Aber das ist so.

Ihrem Vorgänger ist das nicht aufgefallen?
Griss: Jeder Präsident hat andere Schwerpunkte. Wobei es nicht nur um Fehler ging, sondern auch um die schwere Lesbarkeit. Ich habe es daher nicht bei den Änderungen in der Schreibabteilung belassen, sondern die Richter und Richterinnen im Evidenzbüro bekamen den Auftrag, die Entscheidungen auf Verständlichkeit durchzulesen. Das hat es bis dahin nicht gegeben. Ich habe ihnen gesagt, wenn sie etwas nicht verstehen, müssen sie die Stelle kennzeichnen und den Akt zurückschicken. Denn natürlich kann niemand außer dem Referenten, der die Entscheidung verfasst hat, den Text inhaltlich verändern.

Die Referenten werden begeistert gewesen sein.
Griss: Ziemlich. Eine Referentin hat der Richterin des Evidenzbüros, die etwas nicht verstanden hat, zurückgeschrieben: Was geht Sie das an? Ich habe dann mit ihr ein Gespräch geführt.

Was war der Grund, dass Sie einen OGH-Kaffee eingeführt haben?
Griss: Es hat mich gestört, dass es wenig Kontakt zwischen Zivilrechtlern und Strafrechtlern gegeben hat. Da hat es richtige Gräben gegeben. Die Strafrechtler

sagten, die Zivilrechtler haben viel weniger zu tun, und die Zivilrechtler haben das Gleiche von den Strafrechtlern gesagt. Da gibt es die schönen Sprüche über die Strafrichter: Er hat nur zwei Bücher im Zimmer.

Klingt nach Kindergarten.
Griss: Das ist auch wie im Kindergarten. Absurd. Einmal so alle sechs Wochen waren dann alle zu einem OGH-Kaffee eingeladen. Ich habe über Probleme und Projekte berichtet, wir haben das diskutiert und nach Lösungen gesucht. Alle Veränderungen, zu denen es in meiner Zeit gekommen ist, haben wir zuerst beim OGH-Kaffee besprochen.

Als Sie den OGH verlassen haben, hat es als Zeichen der Anerkennung immerhin eine Festschrift für Sie gegeben.
Griss: Ja, das hat mich sehr gefreut. Die Reaktionen auf meine Amtsführung waren gemischt. Es gab sicherlich Leute, die meine Änderungen abgelehnt haben. Aber es gab auch andere, die sie positiv bewertet haben.

Die Kritiker sind an Ihrer Härte abgeprallt?
Griss: Wenn ich von etwas überzeugt bin, versuche ich es durchzusetzen. Mit dem Stellwagen bin ich aber niemandem ins Gesicht gefahren, ich habe immer versucht zu überzeugen. Das gelingt aber nicht immer. Es ist klar, dass man in einer solchen Position nicht von allen geliebt wird und das auch nicht anstreben darf. Man muss auch Dinge umsetzen, die abgelehnt werden.

Als OGH-Präsidentin muss man auch nicht geliebt werden. Man wird nicht gewählt wie in einer politischen Funktion, in der bei einer Wahl Gefühle eine Rolle spielen.

Griss: Das weiß ich nicht. Ich glaube aber, dass das eine Fehlvorstellung ist. Politiker werden respektiert und gewählt, wenn sie klare Vorstellungen haben und diese auch aussprechen und umsetzen. Finanzminister Schelling, der etwas klar ausspricht, hat mehr Zustimmung als alle anderen. Die Menschen wollen klare Worte. Was sie nicht wollen, ist das Anbiedern, ihnen nach dem Mund reden. Wer eine Führungsposition hat, muss die Leute einbinden, aber dann die Dinge auch umsetzen.

Bleiben wir noch kurz beim Gericht. Sie haben auch einmal viel Verständnis für jene gezeigt, die den massiven Wechsel bei Familienrichtern kritisieren. Bei strittigen, langen Scheidungsverfahren wechselte der Richter oft dreimal.

Griss: Die Arbeit der Familienrichter kann emotional sehr belastend sein. Oft geht es um die Entscheidung, ob ein Kind beim Vater oder bei der Mutter aufwachsen soll. Das kann einem sehr nahe gehen. Viele wollen das nicht ein Leben lang machen. Die Familienrichter haben oft auch das Gefühl, dass ihre Tätigkeit in der Justiz nicht so geschätzt wird und es daher für sie schwieriger ist, Karriere zu machen. Es gab daher längere Zeit den Wunsch, am OGH einen Familienrechtssenat einzurichten.

Um Karrierechancen zu erhöhen?

Griss: Ja, weil der OGH dann auch an guten Familienrichtern interessiert sein müsste. Jetzt ist das Familienrecht eine allgemeine Sache und kann deshalb in jedem Senat behandelt werden. Noch etwas kommt dazu: Zuständig für Familienrechtssachen ist derzeit das Bezirksgericht. Das kann ebenfalls dazu führen, dass jemand nur eine kurze Zeit als Familienrichter arbeiten will, weil er ja ans Landesgericht wechseln muss, um Karriere zu machen.

Kindern und Eltern sind solche Überlegungen ziemlich gleichgültig.
Griss: Das ist richtig. Grund für den häufigen Richterwechsel sind vor allem auch Karenzen, weil am Bezirksgericht meist junge Richterinnen Familiensachen betreuen. Eine gewisse Hilfe wäre eine Strukturreform unserer Gerichtsbarkeit, wenn Bezirksgericht und Landesgericht zusammengelegt würden und es nur eine Eingangsinstanz gäbe. Das hieße aber, dass man die Zahl der erstinstanzlichen Gerichte verkleinert wie das in anderen Ländern wie in Finnland und Dänemark gemacht wurde. Dort wurden die ersten beiden Gerichtsstufen zusammengelegt. Es wäre dann für die Karriere kein Nachteil mehr, wenn man länger Familienrichter ist, weil die nächste Instanz schon das Oberlandesgericht wäre.

Hätten Sie als Justizministerin versucht, eine solche Reform umzusetzen?
Griss: Ich hätte es versucht, weil ich glaube, dass es notwendig ist. Viele kleine Bezirksgerichte kosten ja auch viel Geld, und die Richter leben oft nicht mehr im gleichen Ort. Größere Einheiten erleichtern die Spezialisierung, das kann die Qualität heben.

2010 und 2011 waren Sie Präsidentin des Netzwerks der Höchstgerichtspräsidenten der EU und Gründungsmitglied des European Law Institute. In der Ukraine wurden Sie vom dortigen obersten Richter als Beraterin eingeladen. Was waren Ihre Eindrücke?

Griss: Ein Anwalt sagte mir, in der Ukraine zahle man nicht den Anwalt, sondern den Richter. Die extreme Korruption war ein wesentlicher Grund für den Umsturz. Es soll vorgekommen sein, dass für einen Richterposten 200.000 Euro gezahlt wurden. Wenn das so war, dann musste der Richter das Geld auch wieder verdienen. Das Gehalt allein wird dafür nicht ausgereicht haben.

Korruption wie in der Ukraine gibt es zwar nicht in Österreich, aber wie beurteilen Sie die lange Dauer der Ermittlungen wie im Fall des ehemaligen Finanzministers Grasser, die sich über Jahre hinschleppen?

Griss: Dass Ermittlungsverfahren so lange dauern, ist völlig unzumutbar. Ich habe gerade von einem Fall gehört, in dem der Sachverständige seit zwei Jahren am Gutachten arbeitet. Das Ermittlungsverfahren steht in dieser Zeit. Bei Grasser kommt hinzu, dass immer wieder Einsprüche gemacht wurden. Da muss man aber auch alles daransetzen, dass diese Einsprüche rasch erledigt werden. Das muss nicht Monate dauern.

Die Optik ist verheerend.

Griss: Für die Justiz ist das der größte Nachteil überhaupt. Es entsteht damit der Eindruck, wer Geld hat, habe es in der Hand, ein Verfahren hinauszuzögern, sodass dann letztlich überhaupt nichts mehr herauskommt und alles versandet. Was hier aber auch mitspielt, ist das Weisungsrecht des Justizministers, die

Berichtspflicht der Staatsanwälte, die in der Vergangenheit einer der Hauptgründe für Verzögerungen war. Es musste jeder Ermittlungsschritt vorher ans Justizministerium berichtet werden.

Sie zählen zu jenen, die das Weisungsrecht des Justizministers massiv kritisieren. Wegen der Optik, dass ein Politiker Weisungsspitze ist?

Griss: Es passt nicht zu einem Rechtsstaat, dass der Justizminister die Weisungsspitze ist, der Teil der Regierung, der vollziehenden Gewalt ist. Die Staatsanwaltschaft ist Teil der rechtsprechenden Gewalt. Und die Gewaltentrennung ist einer der Grundpfeiler unseres Rechtsstaates.

Sie plädieren für einen Generalstaatsanwalt, der anstelle des Justizministers die Weisungsspitze sein sollte?

Griss: Ja, er sollte vom Parlament für eine bestimmte Zeit bestellt werden, ohne Möglichkeit der Wiederbestellung. Er wäre dem Parlament verantwortlich, aber nicht Teil der Regierung. Der Apparat, der dafür notwendig wäre, müsste aus dem Justizministerium herausgelöst werden. Im Grunde müsste es schon wegen der Optik oder auch nur wegen des möglichen Vorwurfs politischer Einflussnahme auch im Interesse eines Justizministers sein, diese Zuständigkeit abzugeben. Es ist interessant zu beobachten, dass auch der jetzige Justizminister zuvor als Strafrechtler für eine Änderung eingetreten ist. Wenn man dann aber das Amt innehat, ändert sich der Blickwinkel. Es ist jetzt aber insofern ein wenig entschärft, als es nun einen Weisungsrat gibt, der den Justizminister berät und bei Interessenkonflikten des Ministers entscheidet.

Eine saubere Lösung ist dieser Weisungsrat aber offensichtlich nicht in Ihren Augen.

Griss: Eine saubere Lösung wäre die Trennung von Weisungsrecht und Justizminister. Es ist schade, dass man sich nicht getraut hat, eine wirkliche Änderung durchzuführen und sich mit dem Weisungsrat für eine halbherzige Lösung entschieden hat.

Was halten Sie von der Überlegung, die Staatsanwaltschaft weisungsfrei zu stellen?

Griss: Das kann keiner wollen. Der Strafanspruch ist unmittelbarer Ausfluss der Hoheitsgewalt des Staates. Bei der Zivilgerichtsbarkeit liegt die Initiative immer bei privaten Personen. Ob sie klagen, ob sie einen Antrag stellen. Beim Strafrecht geht es darum, dass verfolgt wird. Da ist der Staat in gewisser Weise Partei, weil es in seinem Interesse ist, dass Straftaten verfolgt werden. Das ist der entscheidende Unterschied, und da will eben der Staat, dass die Staatsanwälte, die er einsetzt, tätig werden. Wenn sie nicht weisungsgebunden wären, könnten sie sagen: Die Beweislage ist mir zu dünn, das verfolge ich nicht, das schaue ich mir gar nicht an. Ich glaube aber nicht, dass Staatsanwälte Weisungsfreiheit fordern. Das ist ein Argument, das in der Diskussion um das Weisungsrecht des Ministers vorgebracht wird und erinnert ein wenig an ein Totschlagargument.

Worauf führen Sie es zurück, dass weder ein SP- noch ein VP-Justizminister das Weisungsrecht je geändert hat?

Griss: Es ist eine Machtfrage. In den jeweiligen Parteien wird es immer entsprechende Interessen geben, die Hand weiter darauf zu haben.

Aus Ihrer Sicht ist die jetzige Situation unhaltbar?
Griss: Sie gehört geändert. Das Weisungsrecht müsste auf einen Generalstaatsanwalt übertragen werden, der wie der Rechnungshofpräsident bestellt wird.

Sie waren Ihr ganzes Leben lang Zivilrechtlerin. Warum hat Sie Strafrecht nie interessiert?
Griss: Ich wollte mich nicht mit den abgründigen und bösen Seiten der Menschen beschäftigen. Die Strafrichter leisten wirklich einen wertvollen Dienst an der Gesellschaft. Sie müssen sich damit auseinandersetzen, wozu Menschen leider auch fähig sind. Es wäre auch juristisch für mich nicht interessant gewesen.

Da bringen Sie jetzt Strafrichter gegen sich auf.
Griss: Manche Entscheidungen können eine Art Fließbandarbeit sein. Ich war sechs Wochen als Rechtspraktikantin einem Jugendschöffensenat zugeteilt und habe in dieser Zeit alle Urteile geschrieben. Das war keine Kunst, weil man immer bestimmte Formeln verwendet hat. Dazu kommt die Machtlosigkeit, die ich verspürt habe.

Die Machtlosigkeit, nichts verändern zu können?
Griss: Ja. Belastend war für mich, dass bei jungen Angeklagten die weitere Karriere vorgezeichnet war. Meist waren es Kinder aus gescheiterten Ehen, aus Alleinerzieherfamilien, oft sind sie als Kind geschlagen oder missbraucht worden. Jugendliche, bei denen ich das Gefühl hatte, dass sie nie in ihrem Leben eine Chance hatten und fast automatisch auf die kriminelle Schiene gekommen sind.

Wie haben Sie reagiert?
Griss: Ich habe mir damals gedacht: Was habe ich mit meiner Familie für ein Glück gehabt. Und als Richterin weiß man: Wenn ich einen Jugendlichen einsperre, lernt er im Gefängnis das, was ihm noch fehlt. Das ist ein Zwiespalt, aus dem es keinen einfachen Ausweg gibt. Dazu kommt, dass ein Strafrichter bei uns sein ganzes Leben nichts anderes als Strafrecht macht. In Finnland müssen Richter alle fünf Jahre wechseln.

Wäre dieses Modell auch in Österreich sinnvoll?
Griss: Natürlich wäre es das.

Der Zeitaufwand für Richter wäre aber ein größerer, weil die Zeitersparnis der Routine wegfallen würde.
Griss: Routine ist hilfreich, erleichtert die Arbeit bis zu einem bestimmten Grad, kann aber auch abstumpfen. Und das ist in einem Bereich gefährlich, der auch menschlich extrem fordernd ist. Man hat Menschen vor sich, deren Schicksal man durch den Eingriff im Namen des Staates ganz wesentlich bestimmt. Die menschlichen Qualitäten eines Richters sind mindestens so wichtig wie seine juristischen. Ein Richter darf nicht abstumpfen und einen Fall nicht mehr in seiner Besonderheit sehen, indem er sich sagt: „Kenne ich schon, weiß ich schon, da fahre ich jetzt drüber." Das Amt verleiht große Macht und Macht kann auch zu einer gewissen Überheblichkeit führen. Man muss sich der großen Verantwortung immer bewusst sein.

Es sollten also auch in Österreich Richter alle fünf Jahre zwischen Straf- und Zivilrecht wechseln?
Griss: Alle fünf oder zehn Jahre.

Ein Zivilrichter, der die menschlichen Qualitäten nicht mitbringt, wird sie aber auch im Strafrecht nicht haben.

Griss: Das ist richtig. Aber bei den Strafrichtern besteht die große Gefahr, dass sie Zyniker werden oder abstumpfen.

Was wünschten Sie sich als Rechtspraktikantin?

Griss: Dass man sich der Ungerechtigkeiten in der Gesellschaft mehr annimmt. Da sind ja Jugendliche einfach auf der Straße gestanden, weil es kein betreutes Wohnen gegeben hat. Da haben Kinder keine Chance, wenn sie das Pech haben, in bestimmte Familien hineingeboren zu werden. Solche Kinder müssten aufgefangen werden.

Und wie?

Griss: Durch Ganztagsschulen. Es geht nur über die Bildung, über die Schule, über den Kindergarten. Das zweite verpflichtende Kindergartenjahr ist deshalb ganz wichtig.

Manche Eltern sind massiv gegen solche Verpflichtungen, weil sie sie als Eingriff des Staates in ihr Privatleben empfinden.

Griss: Es geht doch um die Kinder. Der Staat hat die Verpflichtung, die Voraussetzungen dafür zu schaffen, dass wir in unserer Gesellschaft gut zusammenleben können. Das setzt die Entwicklung sozialer Fähigkeiten, vor allem aber Chancengleichheit für die Benachteiligten voraus. Das ist doch auch im Interesse der Bessergestellten. Ich verstehe diese einseitige Sicht nicht.

Stichwort Kinder: Sie haben 2005 das Erkenntnis des Obersten Gerichtshofes verteidigt, der nach der Geburt eines behinderten Kindes den Eltern vollen Schadenersatz zugesprochen hat. In der Diskussion wurde dann die verkürzte Frage „Kann ein Kind je ein Schaden sein?" gestellt.

Griss: Verkürzungen sind immer ein Problem. Ein Kind kann natürlich kein Schaden sein. In diesem Verfahren ist es auch nicht darum gegangen, ob das Kind ein Schaden ist, sondern ob der Arzt für den Unterhalt des Kindes aufkommen muss, weil er die Eltern nicht ausreichend aufgeklärt hat. Voraussetzung für einen solchen Schadenersatzanspruch ist, dass das Kind abgetrieben worden wäre, hätte die Mutter gewusst, dass es behindert ist. Das war ein besonders schwieriger Fall, weil dieser Arzt die Frau sogar aufgefordert hat, in die Risikoambulanz zu gehen, sie das aber nicht gemacht hat. Juristisch kann man Kind und Schadenersatz trennen, indem man sagt, es geht juristisch nicht um das Kind als Person, sondern nur um die finanzielle Belastung, die damit verbunden ist, dass das Kind lebt. Für einen Nicht-Juristen ist das sicher schwer nachvollziehbar. Wie auch die Entscheidung des OGH, dass es keinen Schadenersatzanspruch gibt, wenn ein gesundes Kind geboren wird, weil etwa der Arzt einen Fehler gemacht hat und dadurch die Empfängnisverhütung nicht funktioniert hat. Es wird also unterschieden, ob ein behindertes Kind geboren wurde oder ein gesundes.

Halten Sie ein solches Werturteil über behindertes Leben, die die Unterscheidung zwischen behindertem und gesundem Kind mit sich bringt, für ethisch vertretbar?

Griss: Nein. Ich halte diese Unterscheidung für nicht vertretbar. Man müsste beide Fälle gleich behandeln.

Entweder führt die Pflichtverletzung des Arztes dazu, dass er für den Unterhalt aufkommen muss oder aber nicht – unabhängig davon, ob das Kind gesund ist oder nicht.

Vereinfacht ausgedrückt heißt es aber derzeit: Ein behindertes Kind ist ein Schaden, ein gesundes Kind ist kein Schaden.

Griss: Nein, es wird gesagt, dass ein gesundes Kind nie ein Schaden sein kann, aber der zweite Teil dieser Aussage, dass ein krankes Kind sehr wohl ein Schaden sein kann, wird zurückgewiesen. Für die Bejahung eines Schadenersatzanspruchs spricht, dass es einen Behandlungsvertrag zwischen Eltern und Arzt gibt. Nach diesem Vertrag ist der Arzt verpflichtet, sorgfältig zu untersuchen, ob das Kind behindert ist oder nicht. Wenn er diese Pflicht verletzt, ist er schadenersatzpflichtig. Ein Arzt hat nicht das Recht, darüber zu entscheiden, ob Eltern ein behindertes Kind aufziehen können, und es von seiner Entscheidung abhängig zu machen, ob er auf die Behinderung des ungeborenen Kindes hinweist. Diese Meinung hat aber ein Arzt einmal bei einer Veranstaltung vertreten, bei der ich zu diesem Thema einen Vortrag gehalten habe. So eine Einstellung zeigt, dass es absolut nicht zu rechtfertigen wäre, wenn es keine Sanktionen gäbe, wenn ein Arzt seine Pflichten derart grob verletzt. Der Schadenersatz sollte aber auf die Mehrbelastung beschränkt sein, die durch ein Kind entsteht. Wenn es behindert ist, ist das relativ leicht zu beurteilen.

Was wäre bei einem gesunden Kind die Mehrbelastung?
Griss: Wenn eine Familie vier Kinder hat und die Mutter der Kinder möchte wieder arbeiten gehen, wird

aber wieder schwanger, ändert sich die gesamte Lebensplanung. Das fehlende Einkommen wäre die Mehrbelastung.

Die Kosten wären dann weit höher als die Kosten für die Grundbedürfnisse eines Kindes, für die es keinen Schadenersatz gäbe.

Griss: Das kann sein. Denn ob ein Schaden ersetzt werden muss, hängt ja nicht davon ab, wie hoch der Schaden ist, sondern ob der Nachteil durch das Fehlverhalten verursacht wurde. Und das trifft für das entgangene Einkommen der Mutter jedenfalls zu. Denn das entgangene Einkommen der Mutter ist ja jedenfalls ein Schaden. Ganz wesentlich ist für mich aber, dass ein Schadenersatzanspruch für den gesamten Unterhalt für Nicht-Juristen immer auch ein Unwerturteil über das Kind mit einschließen wird. Und das verletzt behinderte Menschen und die Menschen, die für sie sorgen. Ich habe kürzlich mit einer Frau gesprochen, die ein behindertes Kind hat. Sie hat mir erzählt, wie dieses Kind ihr Leben bereichert. Das ist sicher nicht immer so. Oft geht durch die Belastung die Beziehung mit dem Partner auseinander, weil der Mann sie nicht verkraftet, und die Frau steht dann allein da. Da muss es Unterstützung geben.

Haben Sie Ihre Meinung im OGH vertreten, dass Sie die unterschiedliche Bewertung zwischen einem gesunden und einem behinderten Kind ablehnen?

Griss: Natürlich, aber nur als Juristin, nicht als Präsidentin. Ich wäre für einen verstärkten Senat gewesen, hätte ich etwas mitzureden gehabt. Das hätte bedeutet, dass man zu einer Linie kommen muss. Der dafür zuständige Senat hat sich aber gegen einen verstärkten Senat entschieden. Es müsste aber auch die Gesellschaft alles tun, dass Familien mit behinderten Kindern unterstützt werden, dass es Arbeitsmöglichkeiten für behinderte Menschen gibt. Man ist viel zu fokussiert auf die Geburt eines behinderten Kindes. Was ist mit den Menschen, die später durch einen Unfall behindert werden? Ich denke, es macht die Kultur einer Gesellschaft aus, wie man mit Behinderung umgeht.

Eltern behinderter Kinder klagen darüber, dass sie ein Leben lang zu Bittstellern degradiert werden.
Griss: So lange die Kinder klein sind, ist es einfacher. Schwieriger wird es, wenn sie älter werden und keinen Arbeitsplatz in einer geschützten Werkstätte bekommen.

Eine ehemalige Justizministerin hat mit dem Slogan „Ein Kind kann kein Schaden sein" eine gesetzliche Änderung angedacht. Was haben Sie davon gehalten?
Griss: Bei dieser Komplexität gibt es keine einfache Lösung. Der Vorschlag aus dem Justizministerium wäre keine Lösung gewesen und ist auch nicht weiter behandelt worden. Ein Arzt schließt ja einen Behandlungsvertrag ab. Im Fall eines Kärntner Krankenhauses, in dem eine junge Turnusärztin einen Fehler machte, war es ein Systemversagen. Da hat auch die Entscheidung des Gerichts etwas Positives bewirkt, weil sich das Bewusstsein damit verändert hat. Die Gynäkologen sind vorsichtiger geworden und die Pränatalmediziner werden verstärkt beschäftigt.

Haben Sie eine Amniozentese, eine Fruchtwasser-
untersuchung zur Feststellung einer Behinderung,
in Ihrer Schwangerschaft gemacht?
Griss: Ja, das habe ich gemacht. Ich war ja schon 38
und mir war bewusst, dass ein Risiko besteht.

Haben Sie sich damals überlegt, wie Sie sich entschei-
den werden, wenn es behindert wäre?
Griss: Dieser Kelch ist an mir vorübergegangen. Ich
weiß es nicht. Aber eine Freundin, die drei Jahre älter
war als ich und damals auch schwanger war, hat keine Untersuchung gemacht, weil ein Abbruch überhaupt nicht in Frage gekommen wäre.

Bei einer schweren Behinderung ist in Österreich
ein Abbruch bis kurz vor der Geburt möglich. Wie
stehen Sie als Christin zu dieser embryopathischen
Indikation?
Griss: Die embryopathische Indikation sehe ich sehr
kritisch.

Heißt kritisch, dass Sie sie ablehnen?
Griss: Sie ist für mich nicht akzeptabel, weil ein Kind
im siebenten oder achten Schwangerschaftsmonat bereits lebensfähig ist und allein existieren könnte. Wir
hatten 1999 einen Fall mit einem Kind mit Klumpfüßen, die das Spital übersehen hatte. Die Mutter sagte,
sie hätte abgetrieben, wenn sie es gewusst hätte. Das
Spital wurde zu einer Schadenersatzzahlung verur-
teilt. Stellen wir uns nun ein Kind im achten Monat
mit Klumpfüßen vor. Soll es da noch erlaubt sein, dieses lebensfähige Kind abzutreiben? Warum dann
nicht auch nach der Geburt töten, wie das der austra-
lische Philosoph Peter Singer zur Diskussion stellt?

Etwas, was natürlich völlig unannehmbar ist. Aber wo ist der Unterschied?

Sie treten dafür ein, dass ein Schwangerschaftsabbruch kurz vor der Geburt nur bei Gefahr für das Leben der Mutter erlaubt sein soll, aber nicht bei Behinderung? Die Fristenlösung akzeptieren Sie aber?

Griss: Ja. Die erste Phase der Schwangerschaft ist etwas ganz anderes als die letzte Phase. Die Fristenlösung ist ein Kompromiss zwischen der Selbstbestimmung der Frau und dem Lebensrecht des Kindes. Es muss aber mehr Hilfe und Beratung für schwangere Frauen geben. Denn viele Frauen belastet eine Abtreibung das ganze Leben.

„Die Einstellung der Kirche gegenüber Frauen ist unhaltbar"

*Wir stehen hier vor der Kirche in Maria Grün in Graz.
Sie zählen zur Schar der treuen Sonntags-Kirchgänger. Woher kommt diese tiefe Religiosität?*

Griss: Ich komme aus einer katholischen Familie, und meine Mutter ist sonntags so gut wie immer in die Kirche gegangen. Meine Einstellung dazu hat sich aber natürlich sehr verändert. Was ich als Kind als Pflicht und Gebot empfunden habe, das man erfüllen muss, sehe ich heute anders. Als Kind und junges Mädchen habe ich diese Pflichten und Gebote – wie das Gebot, beichten zu müssen, oder auch das sechste Gebot – als beengend empfunden.

Warum gerade das sechste Gebot?

Griss: Weil es so, wie es uns damals beigebracht wurde, von Anfang an dazu führen musste, dass das ganz natürliche Interesse am anderen Geschlecht angstbesetzt ist. Immer mit der Angst verbunden, eine Sünde zu begehen. Uns wurde damals im Religionsunterricht gesagt, wir müssten in der Beichte sagen, ob wir „unkeusch in Gedanken, Worten und Werken" waren.

Sie haben die Gebote als Kind und Jugendliche ernst genommen?

Griss: Ja, sehr. Als Kind habe ich auch das Fegefeuer, so wie es geschildert wurde, sehr ernst genommen. Von der Hölle ganz zu schweigen. Man hat uns eben die Religion auf sehr einfache Weise nahe gebracht. Ich war damals noch nicht so weit, das kritisch zu sehen und zu fragen, wie diese strengen und engherzigen Vorschriften mit der Liebe Gottes zu den Menschen und seiner Barmherzigkeit zusammenpassen sollen.

Das Fegefeuer hat aber nicht dazu geführt, dass Sie später auf Distanz zur Kirche und zu Ihrem Glauben gegangen sind.

Griss: Nein, aber ich habe meinen eigenen Weg gefunden. Für mich ist das Gewissen ausschlaggebend. Gott ist für mich ein liebender Gott, der jeden annimmt. Das gibt mir ein Grundvertrauen, hilft in schwierigen Situationen und macht auch dankbar. Ich bin davon überzeugt, dass man Gott in der Begegnung mit anderen Menschen, in der Gemeinschaft, erfahren kann.

Woher kommt dieser Glaube?

Griss: Manche sagen, der Mensch sei von Natur aus religiös. Jedenfalls deutet die Entwicklungsgeschichte des Menschen darauf hin. Wenn man auch zugeben muss, dass der Glaube an ein höheres Wesen oft ein Weg war, die sonst unerklärlichen Erscheinungen der Natur und auch das Dasein überhaupt zu verstehen. Der Glaube kann aber dabei helfen, ein besserer Mensch zu sein. Der Glaube rechtfertigt ja das Gutsein. Auch das Gutsein braucht eine Rechtfertigung.

Ein Atheist braucht aber keine Rechtfertigung für sein Gutsein.

Griss: Wenn der Atheist kein Humanist ist, warum sollte er gut sein?

Ein Humanist muss aber nicht glauben.

Griss: Das ist richtig. Richtig ist wohl auch, dass die Religion als Rechtfertigung für die größten Untaten dienen kann, wie wir es gerade jetzt wieder erleben. Goethe soll kritisiert worden sein, weil er nicht religiös war. Dem soll entgegnet worden sein – ob von ihm selbst, weiß ich nicht –, das sei das Gleiche wie die

Forderung, ein Riese solle sich den Schuh eines Zwergen anziehen. Da mag schon etwas Wahres daran sein.

Sie besuchen die Messe, aber haben gleichzeitig ein sehr distanziertes Verhältnis zur Kirche.
Griss: Ich akzeptiere vieles nicht, was die Kirche vorgibt, z. B. den Zölibat. Unhaltbar ist für mich auch die Einstellung zu Frauen. Die Frauen müssen in der Kirche die gleichen Rechte wie Männer haben. Die Einstellung der Kirche läuft auf ein Unwerturteil hinaus, das für mich unannehmbar ist. Die – oft übertriebene – Marienverehrung ist eine Art Gegengewicht dazu.

Das hindert Sie aber nicht daran, in die Kirche zu gehen.
Griss: Da geht es für mich um die Gemeinschaft, um die Begegnung mit Menschen, die ich schätze und die ich sonst nicht treffen würde. Außerdem schätze ich an dieser Stunde am Sonntag die Musik, das Singen, das Nachdenken über einen Text, das ist eine Bereicherung und hebt den Sonntag heraus. Und mindestens so schön wie das Dortsein ist für mich das Hingehen in der Früh.

Immer begleitet von Ihrem Mann, der Protestant ist.
Griss: Ich gehe auch mit ihm in den evangelischen Gottesdienst. Zwischen katholischem und evangelischem Gottesdienst gibt es für mich keinen Unterschied; beide sind gleich wertvoll. Wir sind Christen. Wenn wir uns schon untereinander abgrenzen, wie soll dann eine Verständigung mit anderen Religionen gelingen.

Haben Sie nicht mit Ihrem Zugang zum Glauben mehr Bezugspunkte zu Protestanten als zur katholischen Kirche? Es gibt Priesterinnen, keinen Zölibat.

Griss: Das sagt mir viel mehr zu, aber ich bin katholisch getauft, das ist Teil meiner Identität. Ich lasse mich auch nicht von gewissen fundamentalistischen Strömungen in der Kirche vertreiben. Das wäre wie ein Kniefall. Was mich übrigens am Zölibat in der katholischen Kirche so stört, ist vor allem die seelische Einsamkeit, die Priestern aufgezwungen wird. Wozu? Was haben all diese evangelischen Pfarrhäuser mit ihren Pfarrersfamilien, mit den Frauen und Kindern, weitergegeben? An Bildung, an Musik, an Lebenserfahrung. Auf all das hat die katholische Kirche verzichtet – und verzichtet immer noch darauf. Nur weil man vor tausend Jahren verhindern wollte, dass Vermögen der Kirche in weltliche Hände kommt. Das ist doch schrecklich, und es ist völlig unverständlich, dass man das auch heute nicht ändert. Das bringt so viel Leid, so viel Zwang und natürlich auch Heuchelei, weil viele den Zölibat nicht leben können und wollen. Die Ablehnung der Sexualität durch die Kirche wird damit ebenso bekräftigt wie auch das Unwerturteil gegenüber der Frau. Ich hoffe aber, dass sich doch noch etwas verändern wird. Wenn sich nichts ändert, wird die katholische Kirche in Europa zu einer Gemeinschaft weniger Strenggläubiger werden. Zu einem absoluten Minderheitenprogramm.

Papst Franziskus lässt Sie nicht auf eine Veränderung hoffen?

Griss: Doch. Gleichzeitig ist mir aber bewusst, gegen welche Mächte er ankämpfen muss. Denn es gibt nicht nur die, die meinen, jede Änderung komme einem

Abfall vom Glauben gleich, sondern auch die, die nicht einsehen wollen, dass andere nicht die gleichen Lasten aufgebürdet bekommen sollen, die sie selbst tragen mussten.

Sie sagen, Ihr Gewissen bestimmt Ihre Religiosität. Zählen Sie zu jenen, die sich einen Wellness-Glauben zurechtzimmern?

Griss: Diesen Vorwurf kenne ich. Aber die etwas abschätzige Bezeichnung kann doch nicht darüber hinwegtäuschen, dass es nach der Aufklärung nicht mehr einen unbedingten Glauben an alles geben kann, was eine Institution wie die Kirche verkündet. Ob ich mir jetzt nur die Rosinen aus dem Glauben herauspicke? Ich glaube das nicht. Denn auch wenn man sich die Freiheit nimmt, nach seinem eigenen Gewissen zu entscheiden, ist es dennoch eine ständige Herausforderung, wirklich als Christin zu leben.

Die Glaubenspille ist nur zu ertragen, wenn sie unzerkaut geschluckt wird?

Griss: Das hat etwas für sich. Nur nicht zu viel darüber nachdenken.

Glauben Sie, dass es etwas wie eine moralische Sicherheit gibt?

Griss: Nein, das glaube ich nicht. Denn es war und ist nicht leicht, das moralisch Richtige zu erkennen und auch danach zu handeln.

Adorno meinte, allein moralische Sicherheit zu unterstellen sei schon unsittlich.

Griss: Weil sie die Verantwortung für das eigene Verhalten schwächen könnte.

Im Gegensatz zur katholischen Kirche treten Sie für
die Ehe unter Gleichgeschlechtlichen ein. Warum?
Griss: Weil wir rechtlich mit der eingetragenen Partnerschaft bereits eine fast völlige Gleichstellung haben
und sich eigentlich nur noch die Bezeichnungen unter-
scheiden. Warum wehren wir uns gegen die Bezeichnung Ehe für gleichgeschlechtliche Verbindungen?

Gegner verweisen auf die Fortpflanzungsfähigkeit
zwischen Mann und Frau.
Griss: Es gibt auch genügend Heterosexuelle, die keine Kinder wollen. Es geht doch eigentlich nur darum,
die Gefühle jener Menschen nicht zu verletzen, die in
der Ehe unter Gleichgeschlechtlichen ein Zeichen des
Sittenverfalls sehen. Ich würde den Gegnern raten,
sich in die Position von Eltern zu versetzen, deren
Kind homosexuell ist. Es sagt sich ja niemand: Ab
morgen bin ich homosexuell. Er oder sie ist es einfach.

Sie empfinden das derzeitige Verbot der Ehe für
gleichgeschlechtliche Paare als eindeutige Diskrimi-
nierung?
Griss: Als Diskriminierung, die absolut nichts bringt.
Und die auch unehrlich ist. Denn rechtlich besteht ja
so gut wie kein Unterschied.

Für die Position der Freiheitlichen und der ÖVP, die
die Homo-Ehe ablehnen, haben Sie kein Verständnis?
Griss: Nein. Auch wenn ich mir vorstellen kann, was
die Gründe dafür sind. Es gibt eben noch einen großen Teil der Bevölkerung, der die Homo-Ehe ablehnt,
oft allein deshalb, weil sie sich noch nie richtig damit
auseinandergesetzt haben.

*Sie erklären die Position der FPÖ und der ÖVP mit
dem Schielen nach der Mehrheitsmeinung?*

Griss: Das ist doch bei allen so, auch bei jenen, die für die Homo-Ehe eintreten. Auch von diesen werden nicht alle die Homo-Ehe fordern, weil sie so gute Menschen sind. Es wird immer auch kalkuliert, wie viel an Stimmen man damit gewinnt. Was mich aber vor allem stört, ist die Unehrlichkeit der Gegner. Sie entrüsten sich über die Homo-Ehe, aber akzeptieren die eingetragene Partnerschaft. Die Unterschiede muss man mit der Lupe suchen.

„Es stört mich, wenn Richtern der Ausspruch zugeschrieben wird, ein Urteil können Sie von mir haben, aber keine Gerechtigkeit"

Sie waren über 30 Jahre lang Richterin. Was antworten Sie heute auf die Frage, was Gerechtigkeit ist?

Griss: Die berühmte Pilatus-Frage „Was ist Wahrheit?" kann man auch auf die Gerechtigkeit übertragen und fragen „Was ist Gerechtigkeit?". Beiden Fragen ist gemeinsam, dass es keine allgemeingültige Antwort gibt. Und doch ist die Frage nach der Gerechtigkeit eine Frage, die jeden Menschen beschäftigt. Schon kleine Kinder wollen gerecht behandelt werden; in der Schule ist Gerechtigkeit ein großes Thema. Oft heißt es über einen Lehrer: streng, aber gerecht.

Haben Sie das über Ihre Lehrer gesagt?

Griss: In meiner Schulzeit war das so. Für mich ist das ganz natürlich, denn Gerechtigkeit ist ein Urbedürfnis des Menschen. Und es muss das Ziel jeder staatlichen Ordnung sein, Gerechtigkeit herzustellen. Das geht nicht so einfach, wie ein Gericht ein Urteil fällt. Auch wenn das Urteil von der Instanz bestätigt wird und gar nicht mehr angefochten werden kann, heißt das nicht, dass es auch als gerecht empfunden wird.

Wie oft ist es Ihnen gelungen, als Richterin gerecht zu sein?

Griss: Ich habe mich mein ganzes Leben als Richterin bemüht, gerecht zu entscheiden. Es wird mir nicht immer gelungen sein. Denn was heißt das, eine gerechte Entscheidung zu fällen?

Was heißt es wirklich? Absolute Gerechtigkeit würde absolute Wahrheit voraussetzen.

Griss: Da muss man zuerst fragen, was Gerechtigkeit eigentlich bedeutet. Genügt es, dass Gleiches gleich und Ungleiches ungleich behandelt wird? Oder gibt es auch einen Maßstab der Gerechtigkeit, an dem der Inhalt einer Entscheidung zu messen ist? Wie gültig ist heute noch die platonische Idee der Gerechtigkeit, wonach jeder das Eigene und Seinige hat und tut? Eine Gerechtigkeitsidee, nach der der Einzelne nicht nur Rechte hat, sondern auch Pflichten. Diese Vorstellung kommt der Gerechtigkeit sehr nahe, wie sie ein Gerichtsurteil schaffen kann. Denn das Gericht muss immer fragen, ob jemand seine Pflichten erfüllt hat und daher auch seine Rechte in Anspruch nehmen kann. Bei einem Vertrag ist das ganz selbstverständlich. Der Verkäufer kann das Geld für seine Ware nur verlangen, wenn er sie vertragsgemäß geliefert oder jedenfalls angeboten hat. Aber auch sonst muss man immer beide Seiten sehen.

Was Grundaufgabe jedes Richters sein sollte.
Griss: Es ist die wichtigste Eigenschaft von Richtern, sich in die Parteien hineinzuversetzen, wenn sie eine gerechte Entscheidung fällen wollen. Sie ist nicht nur gegenüber den Parteien von Bedeutung, sondern auch gegenüber Zeugen. Nur wenn Richter in der Lage sind, die besondere Situation zu erfassen, in der sich ein Zeuge befindet, werden sie die Antworten auf ihre Fragen auch richtig einordnen können. Denn Zeugen befinden sich regelmäßig in einer für sie ganz ungewohnten Situation. Zuerst werden sie feierlich belehrt, dass sie die Wahrheit und nichts als die Wahrheit sagen müssen, und dann werden Fragen gestellt, die Ereignisse betreffen, die oft Jahre zurückliegen.

Womit wir wieder bei der Frage nach der absoluten
Wahrheit sind, die es nicht gibt.

Griss: Als ich Rechtspraktikantin war, hatte ich einige
Male bei Verhandlungen in Verfahren Protokoll zu
führen, in denen es um Schadenersatzansprüche nach
Verkehrsunfällen ging. Es wurde an der Unfallstelle
verhandelt, und die Zeugen hatten zu sagen, wo genau
sie sich befunden hatten, als sie z. B. das Unfallauto
zum ersten Mal gesehen haben. Der Unfall lag immer
Monate, manchmal schon Jahre zurück. Und dann
sollte jemand in der Lage sein, genau zu sagen, wo er
damals stand oder ging, als das Auto auftauchte. Dennoch dienten die Angaben der Zeugen als Grundlage
für die komplizierten Berechnungen des Sachverstän-
digen, der ja zu sagen hatte, ob der Lenker des Unfall-
autos rechtzeitig oder etwa zu spät gebremst hatte.

Was dachten Sie sich damals?

Griss: Ich habe mich einige Male getestet. Und zwar
habe ich mich nach dem Überqueren einer Kreuzung
gefragt, welches Auto zuerst losgefahren ist oder wo
genau ich war, als ein anderes Auto in die Kreuzung
hineingefahren ist. Das Ergebnis war ernüchternd.
Ich konnte nichts Genaues sagen. Und von da an kamen mir die Vernehmungen von Zeugen am Unfallort
wie ein Ritual vor, das man aufführt, um die Geister
zu befriedigen.

Sie sagten einmal, die Frage nach Gerechtigkeit
begleite Sie nicht erst seit Ihrem Jus-Studium. Warum?

Griss: Ich habe mich auch oft gefragt, weshalb mir
Gerechtigkeit immer wichtig war. Vielleicht hängt das
damit zusammen, dass ich das mittlere von drei
Kindern bin, ein Sandwich-Kind. Ich hatte nicht die

Vorrechte meiner älteren Schwester und auch nicht die oft bedingungslose Zuwendung, die mein jüngerer Bruder bekam. Auf einem Bauernhof ist es selbstverständlich, dass die Kinder schon früh mithelfen müssen. Das Holz holen, die Milch austragen, die Germ kaufen, damit die Mutter das Brot backen kann. Da entwickelt man ein feines Gespür dafür, wer was machen muss. Wenn nur ich helfen muss, der andere aber nicht, ist das ungerecht. Ungerechtigkeit in Bezug auf das, was jeder von uns bekommen hat, gab es nicht. Denn niemand hat viel bekommen; Spielzeug gab es so gut wie gar nicht, auch Gewand war auf das Notwendige beschränkt. Eine zweite Ursache für mein Streben nach Gerechtigkeit kann auch sein, dass ich schon als Kind erlebte, wie groß die Unterschiede zwischen dem Hoferben und den weichenden Erben sind. Wer den Hof erbt, bekommt Haus und Hof, die Geschwister werden mit oft geringen Geldbeträgen abgefunden. So war es in den Familien meiner Eltern. Das war aber nichts Außergewöhnliches, sondern das Übliche.

Das haben Sie als ungerecht empfunden?
Griss: Ja, mir kam das immer ungerecht vor; ich verstand nicht, wie von einem Tag auf den anderen das Zuhause nicht mehr das Zuhause sein konnte und die, die dort genauso aufgewachsen waren, nur mehr – im besten Fall geduldete – Gäste waren. Ein weiterer Grund mögen auch die Unterschiede sein, die mir schon damals zwischen den Bürgerkindern, den Kindern von gut gestellten Familien in der Stadt und den Kindern von Arbeitern und Keuschlern bewusst geworden sind. Wir Bauernkinder standen irgendwo dazwischen. Wir lebten zwar in einem eigenen Haus auf

eigenem Grund, mussten aber zu Hause mithelfen und lebten viel bescheidener als die Bürgerkinder. Da habe ich mich schon als Kind gefragt, warum das so ist und ob es so sein muss. Noch nicht als Kind, aber als Studentin und später als Richterin habe ich erkannt, dass Gerechtigkeit nicht von selbst entsteht, sondern sich jeder in seinem Bereich um mehr Gerechtigkeit bemühen kann und auch muss.

Was denken Sie sich, wenn Menschen am Gericht gesagt wird, Gerechtigkeit würden sie anderswo finden?

Griss: Mich stört immer, wenn Richtern der Ausspruch zugeschrieben wird, ein Urteil können Sie von mir haben, aber keine Gerechtigkeit. Richtig daran ist nur, dass sich Gerechtigkeit nicht so leicht herstellen lässt, wie man ein Urteil schreibt. Denn Gerechtigkeit heißt ja, in Übereinstimmung mit dem Recht und gleichzeitig auch in Übereinstimmung mit den besonderen Umständen des einzelnen Falles zu entscheiden, die für das Recht oft unerheblich sind. Als Richterin muss man aufpassen, dass nicht das Streben nach Gerechtigkeit dazu führt, dass die Entscheidung dem Recht widerspricht und daher der Überprüfung durch die Instanz nicht standhält.

Ist Ihnen das je passiert?

Griss: Ja, ich hatte in einem Fall zu entscheiden, ob ein Unternehmer – ich glaube, es war ein Dachdecker – den vollen Preis für das von ihm gelieferte Dach bekommt, obwohl das Dach nicht genau der Beschreibung im Vertrag entsprochen hatte, wobei die Abweichungen aber für Aussehen und Qualität ohne jede Bedeutung waren. Das Besondere war, dass der Auftraggeber nicht der Bauherr, sondern der Generalunternehmer war. Und der Generalunternehmer hat den vollen Preis vom Bauherrn bekommen, weil die Abweichungen für den Bauherrn unerheblich waren. Rein rechtlich kam es nur auf den Vertrag zwischen dem Dachdecker und dem Generalunternehmer an, und danach stand dem Dachdecker nicht der volle Preis zu. Dass der Generalunternehmer gleichzeitig bereichert wurde, weil er dem Dachdecker weniger zahlte, vom Bauherrn aber den vollen Preis erhielt, durfte keine Rolle spielen. Die Instanz hob mein Urteil auf, ich musste noch einmal entscheiden. Diesmal ohne mich von meinem Gerechtigkeitsgefühl leiten zu lassen.

Also doch nur ein Urteil und keine Gerechtigkeit?
Griss: So kann man es nennen. Und das wird nicht das einzige gewesen sein, weil ich als Richterin ja immer nur einen Ausschnitt und nicht die ganze Wahrheit erkennen konnte.

Was würden Sie als Voraussetzung bezeichnen, um sich der Gerechtigkeit überhaupt nähern zu können?
Griss: Gerechtigkeit beginnt bei Gericht mit einem fairen Verfahren. Richter müssen in der Lage sein, zu verstehen und sich verständlich zu machen. Ein Schlüsselerlebnis war für mich ein Dialog, der in einem Akt wiedergegeben war, den ich als Richterin in erster Instanz beigeschafft hatte. Es war der Akt eines Strafverfahrens, in dem ein Mann beschuldigt wurde, sein Gewehr nicht sicher verwahrt zu haben. Sein Sohn hatte damit ein anderes Kind angeschossen und verletzt. Der vorsitzende Richter fragte den Angeklagten: Und haben Sie sich nach dem Vorfall mit den El-

tern des verletzten Kindes ins Einvernehmen gesetzt? Angeklagter: Na, extra net. Vorsitzender Richter: Was meinen Sie mit „na extra net"? Angeklagter: Was heißt „ins Einvernehmen setzen"? Wenn nun eine Partei, wie hier der Angeklagte, gar nicht versteht, was er gefragt wird, kann er sich auch nicht richtig verteidigen. Und das ist doch eine Grundvoraussetzung für ein faires Verfahren. Und ohne faires Verfahren kann es auch keine gerechte Entscheidung geben. Denn nur ein faires Verfahren kann sicherstellen, dass der wahre Sachverhalt festgestellt wird. Und nur der wahre Sachverhalt kann Grundlage eines richtigen und hoffentlich auch gerechten Urteils sein.

Was waren Ihre schwierigsten Entscheidungen?
Griss: Gerechtigkeit anzustreben ist weder einfach noch bequem. Schwierig war es für mich vor allem, wenn es darum ging, ob ein Kind bei der Mutter oder beim Vater aufwachsen soll. Ein Fall ist mir noch heute in lebhafter Erinnerung, denn er hat mich lange beschäftigt. Es ging darum, ob ein etwa 6-jähriger Bub weiterhin in seiner Pflegefamilie aufwachsen oder zu seiner Mutter zurückkehren soll, die ihn mit weniger als einem Jahr in Pflege gegeben hatte. Sie war damals nicht in der Lage gewesen, das Kind zu versorgen, ihr Zustand hatte sich aber mittlerweile etwas gebessert. Doch es bestand die Gefahr, dass das Kind durch die Trennung von seinen Pflegeeltern und Pflegegeschwistern traumatisiert würde und die Mutter nicht in der Lage sein würde, damit fertig zu werden. Das Gesetz hilft hier wenig, denn es sagt nur, dass das Kindeswohl ausschlaggebend sein soll. Doch was ist für das Kind am besten? Haben wir richtig entschieden, dass wir den Buben in der Pflegefamilie

belassen und nicht der Mutter zurückgegeben haben? In solchen Fällen spürt man die richterliche Verantwortung ganz besonders, weil ja direkt in das Leben von Menschen eingegriffen wird.

Ganz hautnah erlebe ich die Frage nach der Gerechtigkeit auch als Schlichterin in der Schlichtungsstelle für Verbrauchergeschäfte. Die meisten Fälle betreffen Fremdwährungskredite. Es sind dies Fälle, in denen von den späten 90er-Jahren bis etwa 2008 Kredite vor allem in Schweizer Franken aufgenommen wurden. Damals träumten viele den Traum von Gewinnen auf dem Kapitalmarkt, niedrigen Zinsen in der Fremdwährung und damit den Traum eines Kredits, der sich praktisch selbst zurückzahlte.

Die Finanzkrise hat diesen Träumen ein unsanftes Ende bereitet.

Griss: Durch den Kursanstieg des Schweizer Franken ist der Rückzahlungsbetrag wesentlich höher als der seinerzeitige Kreditbetrag, durch den Einbruch der Börsen sind die Erträge auf dem Kapitalmarkt wesentlich geringer als erwartet, sodass die Kreditnehmer viel mehr zurückzahlen müssen als sie je angenommen hatten. Ist das gerecht? Wer soll den Schaden tragen? Die Bank? In vielen Fällen konnten sich die Kreditnehmer die Wohnung oder das Haus nur kaufen, weil sie den günstigen Fremdwährungskredit bekamen. Wohnung und Haus sind im Wert gestiegen. Kann man diese Wertsteigerung dem Schaden durch den Kursanstieg des Franken und die schlechte Entwicklung des Kapitalmarkts entgegenhalten? Alles Fragen, auf die es keine einfachen Antworten gibt. Und schon gar keine einfache Antwort auf die Frage, was gerecht ist in einer Situation, die niemand so voraussehen konnte.

HYPO KOMMISSION

§

PISMESTROTH
2014

Das Hypo-Desaster oder: ein Ritt über den Bodensee

Erinnern Sie sich noch an den Moment, als der damalige Vizekanzler Michael Spindelegger Sie angerufen hat und fragte, ob Sie den Vorsitz der Hypo-Kommission übernehmen würden?

Griss: Natürlich. Das war ein Samstagnachmittag. Zuerst hat mich Justizminister Brandstetter angerufen. Ich bin auf der Terrasse gestanden, und er fragte mich, ob ich mir vorstellen kann, die Leitung einer Kommission zu übernehmen.

Ihr erster spontaner Gedanke?

Griss: Um Gottes Willen, ein politisches Minenfeld. Es lag auf der Hand, dass man damit versucht, Druck aus der Forderung nach einem Untersuchungsausschuss herauszunehmen.

Eine Alibihandlung?

Griss: Alibihandlung würde ich nicht sagen, aber ein Versuch, einen U-Ausschuss abzuwehren, indem man zeigt, dass man um Aufklärung bemüht ist und deshalb eine unabhängige Kommission einsetzt. Es war mir klar, dass ich in etwas hineingeschickt werden soll, für das ich nicht das notwendige Fachwissen habe. Ich habe in meinem ganzen Leben nie eine solche Kommission geleitet und bin auch keine Bankfachfrau. Die Risiken waren mir somit absolut bewusst. Man braucht ein anderes Fachwissen für eine solche Untersuchung als meine Erfahrung als ehemalige Handelsrichterin.

Was war Ihre erste Antwort?

Griss: Zuerst habe ich abgewehrt, dann habe ich gesagt, ich muss das jedenfalls überschlafen. Minister Brandstetter fragte mich, ob er mich am nächsten Tag, einem Sonntag, in der Früh wieder anrufen kann.

Und Sonntagfrüh klingelte wieder das Telefon?
Griss: Ja. Zuvor habe ich die Sache mit meinem Mann besprochen, der gemeint hat: Lass die Finger davon, da kannst du nur verlieren. Du hast einen guten Ruf, den setzt du aufs Spiel. Wozu? Das ist ein Ritt über den Bodensee, es steht nicht dafür, sich auf so etwas einzulassen.

Sie haben nicht auf ihn gehört. Warum?
Griss: Ich habe zu meinem Mann gesagt: Ich habe mein ganzes Leben für diesen Staat gearbeitet, habe eine Pension; kann ich jetzt sagen, dass mir das Risiko zu groß ist und ich es deshalb nicht mache? Mein Mann hat dann gemeint: Wenn du das wirklich machen willst, kannst du es nur ehrenamtlich machen und dir jeden Schritt genau überlegen. Als Minister Brandstetter mich dann angerufen hat, sagte ich ihm, dass ich es mir vorstellen kann. Kurz darauf hat mich auf dem Weg zur Kirche der Vizekanzler, der offenbar unterwegs in die Pressestunde des ORF war, angerufen. Ich sagte ihm, ich würde es nur machen, wenn ich völlig unabhängig bin und der Bericht ohne jede Vorzensur veröffentlicht werden kann. Er versicherte mir, dass ich völlig freie Hand haben werde und er selbst an einer unabhängigen Aufklärung interessiert sei. Es war mir jedenfalls von Anfang an wichtig, allen klar zu sagen, dass ich es nur mache, wenn es kein Persilschein wird, und dass ich mich sonst nicht dafür hergebe.

Gegen einen U-Ausschuss hatten Sie damals Bedenken. Warum?
Griss: Wegen der Erfahrung mit früheren Ausschüssen, bei denen es parallel strafrechtliche Ermittlungen gegeben hat. Diese Parallelität war in meinen Au-

gen nicht günstig. Da sind Dinge im U-Ausschuss bekannt geworden, die wiederum die Ermittlungen behindert haben. Und es gab nach meiner Einschätzung eine ungesunde Konkurrenz zwischen Untersuchungsausschuss und Staatsanwaltschaft. Der U-Ausschuss ist aber keine Sonderstaatsanwaltschaft, sondern soll die politische Verantwortung klären.

Sie glauben, dass manche Mandatare in U-Ausschüssen sich als Sonderstaatsanwalt sehen?
Griss: Es gibt Politiker, die in den Medien erklären, der U-Ausschuss müsse sich viel mehr darum kümmern, welche Verbrecher sich bei der Hypo das Geld unter den Nagel gerissen haben. Ich finde, dass das nicht die Aufgabe des Untersuchungsausschusses ist. Das ist Aufgabe der Kriminalpolizei, der Staatsanwaltschaft. Wenn der U-Ausschuss das macht, zeigt das ein Misstrauen gegenüber der Polizei und der Staatsanwaltschaft. Der U-Ausschuss ist nicht dazu da, strafrechtliche Ermittlungen zu führen. Wenn den Ermittlungsbehörden misstraut wird, müsste man einen U-Ausschuss einsetzen, der Polizei und Staatsanwaltschaft untersucht.

Die Bedenken von damals haben sich beim später eingesetzten U-Ausschuss bestätigt?
Griss: Der U-Ausschuss sollte sich nicht mit dem Strafrecht auseinandersetzen, die Tendenz dazu gibt es aber. Die strafrechtlichen Ermittlungen laufen seit mindestens 2010, es gibt die Soko Hypo, die Sonderstaatsanwaltschaft Kärnten, bis 2014 gab es mehr als 100 Ermittlungsverfahren. Bei den bisherigen U-Ausschüssen gab es auch nicht immer einen Bericht, der wirklich etwas aufgezeigt hätte. Mein Zutrauen war

jedenfalls damals gering, dass ein U-Ausschuss jene Aufklärung bringt, die wir brauchen. Das gebe ich offen zu. Und ich dachte mir, es besteht einfach ein berechtigtes Interesse der Öffentlichkeit, zu wissen, was da passiert ist. Man kann die Situation von heute nicht vergleichen mit Anfang 2014. Damals hat man nur gewusst, dass Milliarden in den Sand gesetzt wurden, hatte aber keine Ahnung von den Ursachen. Ich dachte mir: Warum soll es nicht möglich sein herauszufinden, was passiert ist.

Da hat es auch ein persönliches Interesse der Steuerzahlerin und Staatsbürgerin gegeben, Licht in diesen Sumpf zu bringen?
Griss: Ich wollte wissen, wie das passiert ist.

Wie haben Sie bis dahin das Desaster rund um die Hypo Alpe Adria verfolgt?
Griss: Wir haben schon Anfang der 2000er-Jahre zu Hause öfter darüber gesprochen. Damals hat der Generaldirektor einer Bank gesagt, wenn er ein Kredit-Portfolio wie der damalige Hypo-Vorstand Kulterer hätte, könnte er nicht mehr ruhig schlafen. Das war die Zeit, in der den anderen Banken die Hypo als Vorbild hingestellt wurde. Ich kann mich an einige Gespräche erinnern, in denen gesagt wurde, was die Hypo in Kärnten mache, sei hochriskant, da werde eine Bank zu einer gefährlichen Größe aufgeblasen. Vielleicht weiß man in Bankkreisen wirklich mehr als die Aufsicht wissen kann, wie ein Vertreter des Finanzministeriums in einem Gespräch mit mir im Zuge der Kommissionsarbeit meinte. Wenn es tatsächlich so sein sollte, ist es jedenfalls nicht sehr beruhigend. Als die Bank verstaatlicht wurde, erinnere

ich mich an Gespräche, in denen es um die Frage ging: Warum macht man nicht eine Bad Bank? Wie soll eine Bank mit einem solchen Rucksack an faulen Krediten erfolgreich sein?

Eine Bad Bank hätte das Budget belastet.
Griss: Das ist richtig. Das Defizit wäre höher gewesen. Man hat aber übersehen, dass die Rechnung doch eines Tages präsentiert wird. Nur ist sie dann um einiges höher. Man hat letztlich sehr kurzsichtig gehandelt und falsche Rücksichten genommen.

Rücksichten gegenüber wem?
Griss: Vielleicht wollte man aus parteitaktischen Gründen zeigen, dass man die Staatsverschuldung im Griff hat. Natürlich wäre bei einer Bad Bank die Staatsverschuldung gestiegen, aber Deutschland hat es dennoch gemacht. Da hat man die Erhöhung der Staatsschulden in Kauf genommen und sie dann durch die Erlöse aus Verwertungen wieder verringert. Bei uns hat man das versäumt.

Fehlte der Blick für die Notwendigkeit oder war es die Angst, vor dem Wähler zuzugeben, wie viele Milliarden da in den Sand gesetzt worden sind? Fehlte der Mut?
Griss: Beides. Ich glaube, der wesentliche Grund war, dass sich niemand für alles verantwortlich gefühlt und sich gesagt hat, es geht doch um das Ganze. Jeder hat seine eigenen Interessen im Blick gehabt: Das Finanzministerium wollte keine höhere Verschuldung, andere haben sich einen Vorteil für ihre Partei erhofft, wenn die Misswirtschaft in Kärnten sichtbar wird. Offenbar war niemand da, der die Frage gestellt hat,

was bedeutet die Hypo für die Allgemeinheit. Niemand, der sich das Problem in seinem ganzen Ausmaß bewusst gemacht hätte. Und natürlich hat auch der Mut gefehlt, sich dem Problem wirklich zu stellen.

Sie glauben, dass der Finanzminister nicht die Gesamtheit des Problems erkannt hat?
Griss: Sicher scheint jedenfalls, dass man sich das Problem nicht in dem Maß bewusst gemacht hat, wie es notwendig gewesen wäre. Jeder hat offenbar immer nur Ausschnitte gesehen.

Der Bericht der Kommission, der Sie vorgestanden sind, umfasst 400 Seiten. Eine Grundaussage ist, dass auch dem Finanzministerium der Blick für das Gesamte fehlte.
Griss: Je nach Zuständigkeit hat man sich auf den eigenen Bereich beschränkt. Der Finanzminister hat sich in erster Linie für die politische Ebene verantwortlich gefühlt und nicht auch für die technische Ebene. Er hat – so hat er es uns damals auch gesagt – klar zwischen politischer und technischer Ebene unterschieden.

Sie beziehen sich auf die Verhandlungen mit den Bayern und die umstrittene Verstaatlichung der Hypo?
Griss: Ja, ich beziehe mich auf die Verhandlungen und den Vertrag mit den Bayern. Da geht es darum, dass die Bayern keine Gewährleistung für den Zustand der Bank übernommen haben, dass die Republik Österreich die Darlehen der Bayern an die Bank garantiert hat, dass die Zustimmungsrechte der Bayern aus dem Master Loan Agreement aufrecht blieben. Das gehörte

nach Auffassung des Finanzministers zur technischen Ebene. Für die politische Ebene blieb dann eigentlich nur die Frage: ja oder nein zur Verstaatlichung. Um die ganz wesentliche technische Ebene, um die Folgewirkungen des Vertrags, musste sich der Finanzminister seiner Auffassung nach nicht kümmern. Natürlich hat jeder Minister unglaublich viel um die Ohren und muss Leute haben, die für einen Bereich zuständig und dafür auch verantwortlich sind. Das ist anders gar nicht möglich. Aber der Minister muss dafür sorgen, dass die Grundlagen für seine Entscheidungen entsprechend aufbereitet werden. Auf dieser Grundlage müssen dann Handlungsalternativen für den Minister erarbeitet werden. Nur so kann er sachlich begründete Entscheidungen treffen. Ein Minister kann als Politiker nicht im luftleeren Raum entscheiden.

Nach Ihrer Schilderung agierte der Finanzminister auf der technischen Ebene im luftleeren Raum.
Griss: Jedenfalls hat der Finanzminister nicht seine Aufgabe darin gesehen, sich mit der technischen Ebene auseinanderzusetzen. Dafür hat er sich nicht zuständig gefühlt.

Also befand er sich in einem luftleeren Raum?
Griss: So will ich es nicht nennen, weil er überhaupt nicht in diesem Raum gewesen ist. Er hat das nicht als seine Zuständigkeit gesehen.

Die Hypo-Kommission hat ein Multifunktionsversagen auf Landes- und Bundesebene festgestellt. Ein Teil dieses Versagens betrifft die Nationalbank. Was wäre erspart geblieben, wenn die Nationalbank 2008

Klartext gesprochen hätte und nicht für die Beurteilung der Hypo mit „nicht distressed" eine Bewertung erfunden hätte, die es bislang nicht gegeben hat?
Griss: Sehr viel. Es beginnt 2008, als es um das Partizipationskapital des Bundes gegangen ist, um das die Hypo angesucht hatte. Damals hat die Nationalbank in einem Gutachten die Hypo als „nicht distressed" beurteilt, obwohl es nur „distressed" oder „sound" gegeben hätte. Die Beurteilungskriterien und auch das mögliche Ergebnis waren aufgrund des Bankenhilfspakets vorgegeben. Bei einer gesunden Bank war das Risiko geringer für den Staat, damit waren die Zinsen niedriger. Eine als distressed eingestufte Bank musste höhere Zinsen zahlen und einen Restrukturierungsplan vorlegen. Im Regelfall bedeutete dies eine Redimensionierung, eine Verkleinerung der Bank.

Die Bezeichnung „nicht distressed" war eine politische Entscheidung?
Griss: Man hat sich gescheut, die Wahrheit auszusprechen. Es gab andere Beweggründe, und insofern war es eine politische Entscheidung, die Bank als „nicht distressed" zu bezeichnen. Dann wurde bei der EU-Kommission gefragt, was bei der Bewertung „nicht distressed" zu tun sei. Die Antwort war, dass es nur „distressed" oder „sound" gibt. „Nicht distressed" sei deshalb „sound". Die Folge war, dass die Hypo das Partizipationskapital von rund 900 Millionen zu den Bedingungen für gesunde Banken bekommen hat und keinen Restrukturierungsplan vorlegen musste. Das ist eine wesentliche Wurzel des Übels. Ich bin überzeugt, dass darauf zumindest ein großer Teil des Schadens zurückzuführen ist. Denn was hätte ein Restrukturierungsplan bedeutet? Man hätte aufzeigen müssen,

in welchem Zustand die Bank ist und hätte sich die faulen Kredite anschauen müssen. Wenn man das gemacht hätte, hätte man 2009 klar gesehen, in welcher Situation die Bank sich befindet. Auch im Finanzministerium hätte man das dann erkennen müssen.

Wie ist es für Sie heute erklärbar, dass die Beurteilung „nicht distressed" im Finanzministerium nicht alle Sirenen ausgelöst hat?
Griss: Natürlich haben sie mehr gewusst. Die EU-Kommission hat bereits im Mai 2009 erklärt, sie glaube nicht, dass die Hypo sound ist. Der Witz dabei war, dass gleichzeitig auch die BayernLB Staatshilfe in Höhe von mindestens zehn Milliarden Euro bekommen hat, und die Bayerische Landesbank ist als distressed beurteilt worden. Mit ein Grund für diese Beurteilung waren aber die Probleme der Hypo. Die Kommission hat deshalb die Bayern aufgefordert, entsprechende Schritte bei der Hypo einzuleiten. Beim ersten Treffen im August 2009 zwischen Pröll und dem bayerischen Finanzminister hätten bei ihm die Alarmglocken läuten müssen. Da war für alle erkennbar, dass die Bayern nicht endlos Geld in die Hypo stecken können. Gleichzeitig war die Risikovorsorge der Hypo bereits nach einem halben Jahr aufgebraucht. Die Schwierigkeiten haben sich nicht mehr ausblenden lassen. In diesem Zeitraum hätte man im Finanzministerium eine Strategie ausarbeiten müssen. Man hätte sich fragen müssen: Sind wir bereit, noch einmal Partizipationskapital zu geben? Sind wir bereit, die Bank zu übernehmen? Wie können wir erreichen, dass die Bayern noch einmal Geld in die Bank stecken? Wie viel Geld verlieren die Bayern, wenn sie die Hypo insolvent werden lassen? Was bedeutet das für die Bayern? Welche Rufschädigung für Deutsch-

land hätte es bedeutet, wenn die Bayerische Landes-bank ihre österreichische Tochter in Konkurs gehen lässt? Das wäre doch undenkbar gewesen. Es gibt auch ein Papier aus dem Jahr 2009, in dem der Verwaltungs-rat der Bayerischen Landesbank die verschiedenen Möglichkeiten geprüft und festgehalten hat, dass die Insolvenz kein gangbarer Weg sei. Der Verwaltungsrat hat damals gesagt, man würde damit den Balkan an-zünden und Österreich dazu. Die Österreicher haben diese Protokolle zwar nicht gekannt, aber sie zeigen, dass sich die Bayern das alles ganz genau angeschaut haben. Sie haben sich alle Alternativen überlegt.

Nach Ihrem Bericht hat sich Österreich wenig überlegt.
Griss: Sie haben uns zumindest kein Strategiepapier gezeigt. Und ich gehe davon aus, dass es keine Strate-gie gegeben hat. Vielleicht hatten sie ein Papier. Was nützt aber ein Papier, wenn man es nicht umsetzt. Eine Strategie hätte bedeutet, dass man die Verhand-lungsposition der Bayern genau analysieren hätte müssen. Was ist für die Bayern gangbar? Sollten sie eine solche Strategie gehabt haben, haben sie sie nicht gelebt. Das macht die Sache somit nicht besser.

Was hat Ihnen der damalige Finanzminister Josef Pröll auf die Frage nach der Strategie geantwortet?
Griss: Er hat sich darauf berufen, dass er nur für die politische Ebene zuständig war und nicht für die technische Ebene. Es gibt ja auch Fakten, die nicht be-stritten werden wie beispielsweise, dass sich das Finanzministerium nur auf die Beratung durch die Finanzprokuratur gestützt hat. Wohingegen die Bayern eine Investmentbank und eine internationale Anwaltskanzlei als Berater hatten.

Finanzminister Pröll hat das ja damit erklärt, dass der Rechnungshof Beraterkosten beanstandet hätte.

Griss: Ob das wirklich überzeugend ist bei diesen Summen? Wenn man sich überlegt, dass nach der Verstaatlichung bis 2013 Beratungskosten von insgesamt knapp 300 Millionen angefallen sind, wären auch frühere Beratungskosten gut angelegt gewesen. Natürlich hätte man sich gute Berater aussuchen müssen. Leider werden nicht immer die besten Berater herangezogen.

Worauf zielen Sie jetzt ab?

Griss: Es ist nicht alles glücklich gelaufen. Auch später, als Klagen gegen die Hypo eingebracht wurden, ist manches geschehen, was von Beratern empfohlen wurde und was man doch sehr infrage stellen kann. Es wurden Verfahren mit hohen Kosten durchgeführt, bei denen man als Jurist in Zweifel ziehen muss, ob sie aufgrund der extrem schlechten Aussichten sinnvoll waren. Wenn beispielsweise in Fällen auf Schadenersatz geklagt wurde, die nichts bringen konnten.

Sie meinen die Schadenersatzforderungen in Millionenhöhe an Ex-Hypo-Chef Kulterer?

Griss: Da muss man sich fragen, was Forderungen von hunderten Millionen, die geltend gemacht wurden, bringen können.

Ein politisches Signal?

Griss: Möglicherweise. Man muss sich dann aber fragen, welche Kosten damit verbunden sind und was es letztlich bringt. Es kostet den Staat mehr, als es bringt.

Darauf völlig zu verzichten wäre für Sie ein gang-
barer Weg?
Griss: Wenn jemand einen Schaden von hundert Millionen verursacht, muss er ihn ersetzen. Aber der Ge-
schädigte muss sich überlegen, was es bringt, wenn
er eine Klage einbringt. Die ganzen Kosten werden ja
nach den 100 Millionen bemessen. Wenn der Verur-
teilte nichts oder fast gar nichts hat, ist die Forderung
uneinbringlich und man kann sich das Urteil einrah-
men lassen. Wer selbst für die Kosten aufkommen
muss, wird es sich daher sehr überlegen, ob er eine
Klage auf so einen hohen Betrag einbringt.

Im konkreten Fall zahlte der Steuerzahler.
Griss: Letztlich ja. Aber vielleicht hat man gehofft, ir-
gendeinen verborgenen Schatz aufzuspüren.

Die fehlende Strategie war dann der Grund, dass in
der Nacht der langen Messer – wie später die Ver-
handlungen zur Notverstaatlichung bezeichnet
wurden – Österreich von den Bayern über den Tisch
gezogen wurde?
Griss: In dieser Nacht war der Zug bereits abgefahren.
Die Österreicher waren ja nicht vorbereitet. An diesem
Wochenende hätte man keine Strategie mehr entwi-
ckeln können. Und ohne Strategie der Österreicher waren die strategisch gut beratenen Bayern überlegen.

Die Nationalbank war als Berater zugezogen.
Griss: Die Nationalbank hat große Angst vor einer Insolvenz der Hypo gehabt. Das wäre auch katastrophal
gewesen. Die Frage ist aber, ob es tatsächlich zur Insolvenz gekommen wäre, hätte Österreich die Bank
nicht verstaatlicht.

Nach Ihrem Bericht wäre es das eindeutig nicht.
Griss: Nein, davon bin ich überzeugt. Das war nicht die einzige Möglichkeit. Man hätte die Bayern nicht so billig davonkommen lassen dürfen. Denn die Hypo wurde zu Bedingungen verstaatlicht, die für die Bayern sehr günstig waren. So hat der Bund die Darlehen der Bayern an die Bank garantiert. Und es sind die Bedingungen des Master Loan Agreements aufrecht geblieben, wonach den Bayern ein Zustimmungsrecht bei Veränderungen eingeräumt war, falls die Veränderungen die Einbringlichkeit ihrer Forderungen gefährden könnten, wie zum Beispiel der Verkauf des Südosteuropa-Netzwerks. Die Bayern haben den Verkauf dann auch blockiert.

Der Finanzminister hat sehenden Auges die weitere Lähmung der Bank akzeptiert und die Rückzahlung von rund 2,5 Milliarden Euro, über die man sich verglichen hat. Ein akzeptabler Vergleich in Ihren Augen?
Griss: Durchaus. Der Vergleich ist allein schon deshalb sinnvoll, weil die anhängigen Gerichtsverfahren ja sehr viel Geld kosten. In einem Verfahren betrugen allein die Gerichtskosten rund 30 Millionen Euro. Dazu kommen die Anwaltskosten. Da haben viele sehr gut verdient. In dem Vergleich verpflichtet sich der Bund sicherzustellen, dass die Bayern jedenfalls 1,2 Milliarden bekommen. Wenn die Bayern aus der Heta-Abwicklung Geld bekommen, müssen sie es an den Bund zahlen, und zwar so lange, bis die 1,2 Milliarden erreicht sind.

Das hätte man sich alles erspart, wenn man sich mehr für die technische Ebene interessiert hätte?
Griss: Es wäre anders gelaufen.

Sie haben ein völliges Systemversagen festgestellt, sich aber gescheut, Personen direkt zu nennen. Warum?
Griss: Wir haben das ganz bewusst nicht getan. Was war unsere Aufgabe? Unsere Aufgabe war es, eine zusammenhängende Darstellung zu geben. Im Ministerratsvortrag hat es geheißen, eine unabhängige Untersuchungskommission wird zur transparenten Aufklärung der Vorkommnisse rund um die Hypo Group Alpe Adria eingesetzt. Transparente Aufklärung heißt, nachvollziehbar darzustellen, was passiert ist. Das heißt nicht, Schuldige festzumachen. Es wäre auch für mich nicht annehmbar gewesen, dies zu machen.

Warum?
Griss: Ich kann jemanden nur dann persönlich für etwas verantwortlich machen, wenn ich ihm die Möglichkeit gebe, in einem fairen Verfahren seine Sicht der Dinge darzulegen und sich zu verteidigen. Wir hätten gegen alle diese Personen ein kleines Gerichtsverfahren abführen und ähnlich wie in einem Urteil über ihre persönliche Schuld absprechen müssen. Das hätte unsere Kommission nie leisten können. Dazu hätten wir weder die Zeit gehabt noch hätte unser Budget dafür ausgereicht.

Auch nicht für die Klärung der politischen Verantwortung?
Griss: Die politische Verantwortung zu klären, ist die Aufgabe eines Untersuchungsausschusses. Unser Bericht könnte eine Grundlage für die Arbeit eines parlamentarischen Untersuchungsausschusses sein. Aus diesem Grund hätte es auch nichts gebracht, wenn wir irgendwelche Namen genannt hätten. Es weiß außerdem jeder, welche Minister im Amt waren, wer die

Nationalbank geführt hat. Wir haben nichts unter der Decke gehalten, was nicht bekannt gewesen wäre.

Die völlige Trennung der Aufarbeitung der Vorkommnisse und der politischen Verantwortung ist aber kaum möglich.

Griss: Das ist völlig richtig. Man kann aus dem Bericht erschließen, wer wofür politisch verantwortlich ist. Hätten wir das ausdrücklich sagen wollen, hätten wir den Betroffenen Gelegenheit geben müssen, sich zu rechtfertigen. Das wurde aber nicht im Detail gefragt und konnte daher auch nicht für den Bericht ausgewertet werden.

Hat man es nicht ganz klar ausgewertet, weil man nicht anecken wollte?

Griss: Mehr anecken, als wir es getan haben, kann man nicht mehr. Wer sagt, dass da jemand mit Glacéhandschuhen angefasst worden sei, hat den Bericht nicht gelesen. Jeder, der den Bericht liest, sieht, dass da vieles bis zum Ende extrem schlecht gelaufen ist. Als sich dieses Bild für uns verdichtet hat und wir gesehen haben, wie die Kontrollinstanzen versagt haben, wie risikofreudig der Vorstand vorgegangen ist, wie der Aufsichtsrat seine Aufsichtspflicht nicht wahrgenommen hat, wie die Bankenaufsicht versagt hat, wie die Wirtschaftsprüfer alles testiert haben, da haben wir begonnen, nach entlastenden Fakten zu suchen. Wir haben uns dann selbst gefragt: Wie war das möglich? Wie konnte das passieren?

Weil die Fakten so klar waren?

Griss: Ja. Ich nehme bis heute nicht an, dass jemand bewusst den Staat schädigen wollte. Was wir uns aber gefragt haben: Warum waren keine Prozesse aufgesetzt, die verhindern, dass etwas so ablaufen kann. Wir haben somit nach Entlastendem gesucht, aber nichts gefunden. Vielleicht findet der U-Ausschuss etwas Entlastendes.

Das klingt nach Ironie. Ein U-Ausschuss hat meist nicht das Ziel, etwas Entlastendes zu finden.
Griss: Ist das so? Die Partei, die nicht dabei war, wird natürlich intensiv nach belastenden Fakten suchen. Eine Partei, deren Repräsentanten sich nicht so verhalten haben, wie man es sich wünscht, wird versuchen, davon abzulenken. Wenn ich mir das Frageschema im U-Ausschuss anschaue – 15 Minuten Verfahrensrichter und dann die einzelnen Abgeordneten – glaube ich nicht, dass das Ziel ist, einen Sachverhalt gründlich aufzuklären. Wenn ich als Richterin einen Sachverhalt aufklären will, springe ich nicht von einem Thema zum anderen. Dann will ich vor allem jemanden zum Reden bringen und werde ihn nicht immer unterbrechen. Wenn ich nur kurz frage, und das zu unterschiedlichen Themen, wird der Befragte immer auf der Hut sein. Man kann ja nicht davon ausgehen, dass die Leute ehrlichen Herzens in den Ausschuss kommen und alles offenlegen wollen. Vielleicht kann man es hoffen, aber es wird nicht die Regel sein. Wer dort steht, versucht sich zu schützen. Das bedeutet nicht, dass er lügt. Bei Sachverhalten, die lange zurückliegen, wird oft das, was man hätte machen sollen, subjektive Wahrheit. Die meisten haben alles vorher schon mit anderen besprochen, da werden Szenarien durchgespielt. Da darf man sich nichts vormachen. Bei einem Frageschema, bei dem immer wieder jemand eingreifen kann, kann nicht viel herauskommen.

Also in Ihren Augen eine politische Schaubühne?
Griss: Die Gefahr besteht. Der Grün-Abgeordnete Kogler hat ja gesagt, man müsste eine Art Friedensabkommen abschließen, dass die Abgeordneten auf eine Profilierung verzichten und sich bemühen, die Wahrheit herauszufinden. Das ist schön gedacht, die Chancen auf Realisierung sind ein anderes Thema.

Sie haben den U-Ausschuss massiv kritisiert, weil er nach Ihrer Einschätzung bei Stunde null begonnen hat.
Griss: Es wäre logisch gewesen, wenn die Abgeordneten alle vorliegenden Berichte genommen hätten, die Rechnungshofberichte, den Bericht der Kommission. Aber was hat der U-Ausschuss gemacht? Sie haben alle Unterlagen ab Stunde null angefordert, alle Akten, die es gegeben hat. Das muss ja jemand aufarbeiten. Wenn ich wieder von Anfang an beginne, ist das eine Riesenarbeit.

Nach Ihrer Kritik am U-Ausschuss sind wiederum Sie massiv kritisiert worden, weil Sie Ihre Notizen vernichtet haben. Jetzt stehen Sie als Aktenvernichterin da und erklären dem U-Ausschuss, er soll auf Ihrem Bericht aufbauen. Der erste Gedanke, der sich da einstellt, ist, dass Sie etwas verheimlichen wollten.
Griss: Allen, mit denen wir gesprochen haben, habe ich zugesichert – oder sie haben es als selbstverständlich angenommen –, dass ihre Angaben vertraulich behandelt werden. Keiner hätte sonst mit uns gesprochen, denn keiner war dazu verpflichtet. Hätte ich mein Wort brechen und meine mehr als 30 Gesprächsnotizen und die Protokolle der 13 Befragungen durch die Kommission veröffentlichen oder weitergeben sollen? Würde ein Journalist, der vertraulich bei einer

Recherche Hintergrundinformationen bekommt, die Zusage der Vertraulichkeit brechen?

Den U-Ausschuss habe ich kritisiert, weil ich finde, die Abgeordneten sollten sich auf die Frage konzentrieren, wer die politische Verantwortung für die ohnehin bekannten und nicht bestrittenen Vorgänge trägt. Es ist meiner Meinung nach nicht vertretbar, Zeit und Geld für Nebenthemen aufzuwenden, nachdem es so viele andere Probleme gibt. Was ist mit den Pensionen, was ist mit dem Gesundheitssystem? Vor allem aber: Wie gehen wir mit den Flüchtlingen um, dem Zustrom so vieler Menschen in kurzer Zeit? Für mich ist es eine Verschwendung von Ressourcen, wenn nachgeforscht wird, ob irgendjemand irgendwo mit irgendjemandem gesprochen hat, ohne dass erkennbar wäre, was eine solche Information zur Klärung der politischen Verantwortung beitragen kann.

Die Abgeordneten werden Ihnen ausrichten lassen, sich nicht von Ihnen ihre Arbeit vorschreiben zu lassen.

Griss: Das will ich auch nicht. Es war als Weckruf gedacht. Ich halte es aber auch für eine Verkennung der Gewaltenteilung, die ja doch eine der Grundlagen unseres Staatswesens ist. Das Parlament ist nicht dazu da, Verbrechen aufzuklären, der Ausschuss soll die politische Verantwortung für die Vorkommnisse rund um die Hypo klären. In einem Interview hat kürzlich ein Abgeordneter gemeint, der Ausschuss solle sich darauf konzentrieren zu untersuchen, wo das Geld hingekommen ist. In meinen Augen ist es eine Illusion, dass der Ausschuss etwas herausfinden wird, was die Soko-Hypo, die Sonderstaatsanwaltschaft und auch die Bank selbst in fünf Jahren nicht herausgefunden haben und dass der Ausschuss diese Leute vor Gericht bringen wird. Das ist naiv. Das klingt hart, aber es ist so.

Ein Grund für das Desaster war, dass insgesamt die Kompetenzen auf viele Akteure aufgeteilt waren und es deshalb zu einem Informationsdelta gekommen ist. Rechnungshof-Präsident Moser meinte vereinfacht, zu viele Köche verderben den Brei.
Griss: Das ist sicher richtig. Der Rechnungshof hat schon einige Male gefordert, dass man die Bankenaufsicht in einer Hand an einer Stelle konzentriert. Derzeit haben wir die Aufteilung zwischen Nationalbank und FMA. Die Aufteilung der Kompetenzen führt zu einer Zersplitterung der Verantwortung. Jeder sagt, er hat sein eigenes Schrebergärtchen, ist aber nicht verantwortlich für das Gesamte.

Alle haben immer zugewartet, was der andere macht?
Griss: So ist es gelaufen. Wir können nur hoffen, dass der U-Ausschuss zu ähnlichen Erkenntnissen kommt und die Empfehlungen des Rechnungshofs für die Organisation der Bankenaufsicht umgesetzt werden.

Grundproblem waren aber die Haftungen des Landes Kärnten in Höhe von 20 Milliarden Euro. Dafür kann man ja nicht den Bund verantwortlich machen.
Griss: Natürlich haben die Haftungen die Position des Bundes geschwächt. Sie werden aber nur schlagend, wenn die Bank ihre Verbindlichkeiten nicht erfüllen kann. Wenn man die Chancen genützt hätte, die auch nach der Verstaatlichung noch durchaus gegeben waren, indem man die faulen Kredite in eine Bad Bank ausgelagert und die noch vorhandenen Werte best-

möglich verwertet hätte, wären die Haftungen nie in diesem Ausmaß schlagend geworden.

Ein Abgeordneter meinte im Ausschuss, dass die Notverstaatlichung die am wenigsten schlechte Lösung gewesen sei, weil eine Insolvenz 27 Milliarden gekostet hätte.
Griss: Das ist eine interessante Zahl, weil sie über dem Ausmaß der Haftungen liegt. Die Insolvenz war nicht die einzige Alternative. Es ist aber sicher das Einfachste, zu sagen, man hätte nichts anderes machen können – es ist aber genauso eine Ausrede wie andere auch. Und es ist typisch, dass man das Problem nicht ehrlich analysiert und fragt, worum es denn eigentlich geht, sondern eine parteipolitisch opportune Ausrede sucht.

Die Freiheitlichen sprechen von einer Notverstaatlichung ohne jede Not. Das müssten Sie unterschreiben können.
Griss: Ich verwende den Ausdruck Notverstaatlichung nie. Es war eine Verstaatlichung, die jedenfalls zu den Bedingungen, zu denen sie gemacht wurde, nicht gerechtfertigt war.

Dann trifft Notverstaatlichung ohne Not zu?
Griss: Man kann es so formulieren.

Der Sprung in die Politik

„Was heißt es,
die politischen
Spielregeln
nicht kennen?
Das klingt doch
stark nach
Mauscheleien,
nach Gegen-
geschäften."

Im Frühling 2015 haben Sie auf die Frage, ob Sie sich tatsächlich eine Kandidatur für die Bundespräsidentenwahl vorstellen könnten, herzhaft gelacht. Monate später meinten Sie auf die gleiche Frage, Sie müssten sich zuvor fragen, ob es überhaupt sinnvoll sei, dafür Lebenszeit zu investieren. Jetzt haben Sie sich dazu entschlossen. Warum dieser Sinneswandel nach einem Leben am Gericht ohne jegliche politische Ambitionen?

Griss: Ich bin immer wieder darauf angesprochen worden, und im September habe ich dann begonnen, es mir ernsthaft zu überlegen. Denn ich habe zwei voneinander unabhängige Angebote bekommen, eine Wahlkampagne zu finanzieren, als Signal für eine neue Politik. Da habe ich mir überlegt, ob ich denn etwas in diesem Amt bewirken und verändern könnte. Und ich bin zum Schluss gekommen, dass es möglich sein muss, gegen das Wegschieben von Problemen aufzutreten, für eine sachliche Diskussion einzutreten, denen eine Stimme zu geben, die genug davon haben, dass nur herumgeredet und taktiert wird. Wenn ich mir das nicht vorstellen könnte, würde ich es nicht machen. So eine Kandidatur kostet Energie und Lebenszeit, sie schränkt natürlich auch ein, weil man – ob man es will oder nicht – zu einer öffentlichen Person wird. Man kann nicht mehr bei Rot über die Straße gehen, ohne dass man damit rechnen muss, von jemandem fotografiert zu werden.

Sie machen nicht den Eindruck, dass Sie bei Rot über die Kreuzung gehen. Abgesehen von jenen, die Sie motivierten anzutreten: Was ist Ihr eigener Motor?

Griss: Ich bin überzeugt, etwas bewirken zu können und dem Amt damit ein neues Gewicht zu geben. Als Bundespräsidentin kann ich glaubwürdig für eine neue Politik eintreten, bei der nicht das Interesse einer Partei, egal welcher, im Vordergrund steht, sondern unser aller Interesse an einer Politik, die Probleme nicht bis zum nächsten Wahltermin beiseiteschiebt.

Warum hat Sie die Politik früher nie gereizt?
Griss: Ich war leidenschaftlich gerne Richterin und wäre nie zu einer Partei gegangen.

Im Jahr 2014 meinten Sie zu einer Journalistin, die Sie fragte, ob Sie antreten, wenn SPÖ und ÖVP Sie unterstützen: Das wäre das achte Weltwunder. Jetzt wollen Sie plötzlich ohne achtes Weltwunder in die Hofburg.
Griss: Beim derzeitigen Ansehen der beiden Parteien weiß ich gar nicht, ob ich als gemeinsame Kandidatin wirklich bessere Chancen hätte. Und ich wäre auch als gemeinsame Kandidatin der beiden Parteien nicht bereit, eine Politik zu verteidigen, die eben gerade nicht lösungsorientiert ist, sondern in vielem extrem kurzsichtig.

Kurzsichtigkeit befürchten manche Politiker auch bei Ihnen, weil Sie nie in der Politik tätig gewesen sind und die Spielregeln nicht kennen.
Griss: Für mich ist das ein Vorteil. Denn was heißt das, die Spielregeln nicht kennen? Das klingt doch stark nach Mauscheleien, nach Gegengeschäften, nach einer Sprache, die mit vielen Worten möglichst wenig sagt und es vor allem vermeidet, die Dinge beim Namen zu nennen. Fast alle Mitglieder unserer derzeitigen Regierung sind seit vielen Jahren politisch tätig, manche von ihnen haben ihr ganzes Leben nichts anderes gemacht. Beweist der Erfolg ihrer Arbeit, dass politische Erfahrung eine Voraussetzung für gute Politik

ist? Viele Menschen werden das anders sehen. Und viele von ihnen setzen ihre Hoffnung in eine Kandidatin, die niemandem verpflichtet ist.

Auch Heinz Fischer hat sich als Bundespräsident niemandem verpflichtet gefühlt.
Griss: Wer aus einer Partei kommt, jedenfalls einen Teil seines Lebens der Arbeit für diese Partei gewidmet hat, wird eine emotionale Beziehung zur Partei haben. Wer aber weder emotional noch – in Bezug auf die Wahlkampagne – finanziell einer Partei verbunden ist, hat auch keine Verpflichtung gegenüber dieser Partei, welcher Art auch immer. Das kann sich positiv bei der Besetzung der höchsten Staatsämter auswirken, bei der der Bundespräsident ein Wort mitzureden hat.

Ex-Grünen-Chef Alexander Van der Bellen dürfte in diesem Punkt wohl auch unabhängig sein.
Griss: Das weiß ich nicht. Bei mir ist es jedenfalls eindeutig, dass ich nie bei einer Partei und als ehemalige Richterin immer unabhängig war. Ich bin daher überzeugt, dass ich gerade deshalb glaubwürdig für eine neue Politik eintreten kann. Sonst würde ich auch nicht antreten. Die Wahlkampagne bringt aber natürlich völlig neue Herausforderungen für mich. Wie legt man eine Kampagne an, welche Schwerpunkte setzt man? Ich merke jetzt auch, wie stark ich als Richterin sozialisiert bin.

Sie merken es in Gesprächen mit Journalisten, die wenig mit „Ja, aber" anfangen können und auf klare Aussagen drängen?
Griss: So ist es. Wenn ich Antworten formuliere, wäge ich ab. Da spricht dann die Richterin, die nicht sagt, es

kann nur A oder nur B sein. Als Richterin lernt man, dass es einfache Antworten so gut wie nie gibt, vor allem dann, wenn man sich nicht auf einen Ausschnitt beschränkt, sondern das Ganze in den Blick nimmt. Man erlebt nur selten, dass einer in allem recht hat und der andere völlig im Unrecht ist.

Also keine Schwarz-Weiß-Zeichnungen. Sie wollen sich den Grautönen widmen?
Griss: Das ist der Grund, warum meine Antworten in Interviews Journalisten oft nicht zufriedenstellen. Ich finde es unehrlich, so zu tun, als hätte ich die Patentlösung. Genauso unehrlich ist es, die einen nur als die Guten, die anderen nur als die Bösen zu sehen. Ein ehrlicher Mensch, der nachdenkt, kann das doch gar nicht vertreten. Mir war immer wichtig, mich in die Position des anderen hineinzuversetzen, die Sache auch mit den Augen des anderen zu sehen, Argumente für das Für und Wider zu finden. Daher fällt es mir auch schwer, zu sagen, es gibt nur die Lösung A.

Sie setzen sich damit dem Vorwurf aus, klare Positionen zu meiden.
Griss: So ein Vorwurf ist für mich auch immer ein Anstoß, meine Haltung zu einem Thema kritisch zu hinterfragen. Mich zu fragen: Was denke ich wirklich darüber? Kann ich es einfacher ausdrücken? So formulieren, dass man es versteht?

Ihre Familie hat nicht versucht, Sie von einer Kandidatur abzuhalten?
Griss: Am Beginn hat sie es versucht. Mein Mann hat seine Zweifel geäußert und gesagt, ich solle mich nicht verführen lassen.

Von wem verführen lassen?
Griss: Von den Menschen, die mich aufgefordert haben, anzutreten. Als ich sagte, ich möchte es dennoch versuchen, hat er versichert, dass er mich unterstützen wird. Meine Söhne sind ebenfalls sehr engagiert und unterstützen mich.

Sie möchten ihre Mutter als Bundespräsidentin sehen?
Griss: Das weiß ich nicht. Wenn sie aber etwas machen, machen sie es mit vollem Einsatz. Sie haben auch gesagt, wenn nichts daraus wird, sollen mein Mann und ich eine Weltreise machen.

Hugo Portisch ist in seinem Leben auch oft gefragt worden, ob er nicht kandidieren möchte. Er hat immer abgewunken und gesagt, er müsste wahnsinnig sein, sich vom Protokoll einer Hofburg einengen zu lassen.
Griss: Das ist nachvollziehbar. Es gibt aber überall einen Spielraum. Natürlich kann man als Bundespräsident nicht jeden Tag so gestalten, wie es einem gefällt. Ich denke jetzt aber nicht an das Protokoll, sondern an die Wochen vor der Wahl, wie man sie gewinnen kann, was ich dazu tun kann. Heute habe ich eine E-Mail von einer Frau bekommen, mit der Frage, ob sie helfen könne. Gleichzeitig schrieb sie, sie sehe keine Chance für mich, wenn ich nicht von einer Partei unterstützt werde.

Das ist auch die Meinung vieler Politikwissenschaftler, die Ihrer Kandidatur keinerlei Chancen einräumen ohne Unterstützung einer Partei. Sie glauben dennoch, gewinnen zu können?
Griss: Sonst würde ich nicht antreten. Ich sehe die Wahlkampagne auch als sportliche Herausforderung.

Und gerade Äußerungen, wie die von Ihnen genannten, spornen mich nur noch mehr an.

Nehmen wir an, die Stimmen wären soeben ausgezählt und die Bundespräsidentin hieße nicht Irmgard Griss.
Griss: Dann würde ich mein bisheriges Leben weiterführen und hätte Erfahrungen gemacht, die ich nie gemacht hätte, hätte ich nicht kandidiert.

Als Bundespräsidentin müssten Sie Rücksichten nehmen und müssten Ihre bisherige geistige Freiheit zumindest teilweise aufgeben. Stört Sie das nicht?
Griss: Das ist eine Herausforderung. Klare Worte zu verwenden und dennoch Rücksicht zu nehmen.

Sie müssten auch wie jeder Politiker ein taktisches Verhältnis zur Wahrheit aufbauen.
Griss: Ist das so? Natürlich muss man das Interesse des Staates mitberücksichtigen und wird nicht unverblümt seine Meinung gegenüber anderen Staaten äußern können. Da gibt es Schranken. Bei den für unsere Gesellschaft wichtigen Themen muss sich ein Bundespräsident aber nicht verstellen. Da kann er sagen, was er für richtig hält.

Stichwort verstellen. Wie würde die Reise einer Bundespräsidentin Irmgard Griss nach Saudi-Arabien ausschauen?
Griss: Diesen Fluss überquere ich, wenn ich am Ufer stehe. Ich werde mich an die international üblichen Gebräuche halten und niemandem mit dem Stellwagen ins Gesicht fahren. Ich würde aber jedenfalls Dinge ansprechen, die mir wichtig sind.

Alexander Van der Bellen hat Ihre Kandidatur be-
grüßt und für sich gemeint, dass er kein Grüß-August
in der Hofburg sein werde.
Griss: Die Grüß-August-Bezeichnung beruht auf einer
völlig falschen Einschätzung. Sie verkennt die Möglichkeiten, die das Amt gibt.

Darüber gibt es ja unterschiedliche Ansichten. Van der
Bellen meinte, Bundespräsident Thomas Klestil hätte
im Jahr 2000 mehr Möglichkeiten gehabt, die schwarz-
blaue Regierung zu verhindern. Er selbst würde nie-
mals einer Regierung vertrauen, die für die „Verzwer-
gung Österreichs und die Zerstörung der EU" stehe. Sie
werden nun ebenfalls in jedem Interview gefragt, ob
Sie Heinz-Christian Strache als Kanzler angeloben
würden. Ihre Antwort ist meist ein „Ja, aber".
Griss: Der Bundespräsident muss sich an die Verfassung halten, auch Van der Bellen. Der Bundeskanzler
braucht das Vertrauen des Parlaments, der Bundespräsident kann sich daher nicht über das Wahlergebnis hinwegsetzen, denn so wie er demokratisch gewählt ist, sind es auch die Abgeordneten zum Na-
tionalrat. Der Bundespräsident wird aber natürlich
alle Möglichkeiten ausloten, damit die Regierung aus
qualifizierten herzeigbaren Persönlichkeiten besteht.

Wäre FPÖ-Obmann Heinz-Christian Strache für Sie
herzeigbar als Kanzler?
Griss: Entscheidend wäre, welches Programm er umsetzen will, ob er dafür über die geeigneten Leute verfügt und auch, ob er selbst die notwendige Qualifikati-
on mitbringt. Danach muss man es beurteilen. In
Zukunft werde ich vielleicht bei dieser Frage das Beispiel bringen, dass ich ja auch nicht sagen kann, ob

ich nächste Woche einen Regenschirm mitnehmen werde, wenn ich noch nicht weiß, wie das Wetter sein wird.

Die Wetterlage lässt sich aber doch bereits einschätzen. Sie kennen ja Heinz-Christian Strache.
Griss: Ich habe ihn zweimal getroffen. Ob er Bundeskanzler werden kann, hängt vom Programm und vom Umfeld ab.

Es ist somit vorstellbar für Sie, ihn als Kanzler anzugeloben, selbst wenn er weit von einer absoluten Mehrheit entfernt wäre?
Griss: Die Frage kann sich doch nur stellen, wenn die FPÖ allein oder zusammen mit einer anderen Partei oder mit anderen Parteien über eine stabile parlamentarische Mehrheit verfügt. Wenn nun eine Mehrheit der demokratisch gewählten Abgeordneten für eine Regierung unter einem Kanzler Strache stimmt, kann sich der Bundespräsident nicht darüber hinwegsetzen, wenn er nicht eine Staatskrise provozieren will.

Weil alles andere bedeuten würde, sich über den Willen der Wähler zu stellen?
Griss: Auch dem Bundespräsidenten steht nicht zu, sich über den Willen der Wähler hinwegzusetzen. Er kann nicht so lange wählen lassen, bis das gewünschte Ergebnis herauskommt, wie wir es in der Türkei erlebt haben. Was mich aber an dieser Diskussion stört: Es ist kein Naturgesetz, dass die FPÖ die nächste Nationalratswahl gewinnt und entweder selbst die absolute Mehrheit erreicht oder als einzige mit einer anderen Partei oder mit anderen Parteien eine Regierung bilden kann, die das Vertrauen des Parlaments

hat. Wir haben doch eine Situation, in der die anderen Parteien ganz entscheidend zum Erfolg der FPÖ beitragen. Es hilft doch nichts, wie das Kaninchen auf die Schlange zu starren. Die anderen Parteien sollen jetzt überzeugende Programme ausarbeiten, sie umsetzen, dann wird das Wahlergebnis entsprechend ausfallen. Die Regierungsparteien sind nicht daran gehindert, eine Politik zu machen, die bei den Leuten ankommt. Warum sollen dann die Menschen sie nicht wählen? Man kann doch nicht sagen, der Bundespräsident soll ein Ergebnis korrigieren, das den anderen Parteien nicht passt. Was der Bundespräsident tun kann und tun soll, ist, sich gegen Hetze genauso zu verwahren wie gegen Dämonisierung. Er müsste gegen Populismus von welcher Seite immer auftreten und die Menschen davor warnen, sich verführen zu lassen, von wem immer. Wenn aber wirklich ein Extremfall einträte und ein Bundespräsident überzeugt wäre, dass eine Regierung Österreich in den Abgrund führte und er diese Regierung nicht verantworten könnte, müsste er sein Amt zur Verfügung stellen und sagen: Ich kann das nicht mittragen.

Sie würden zurücktreten?
Griss: Ja, ich würde zurücktreten, wenn ich es absolut nicht mit meinem Gewissen vereinbaren könnte, eine Regierung anzugeloben.

Mit welcher Erwartung?
Griss: Es müsste ein neuer Präsident gewählt werden, und das würde eine Nachdenkpause ermöglichen.

Es gäbe eine andere Möglichkeit. Nach der Verfassung hat der Bundespräsident die Möglichkeit, unter bestimmten Voraussetzungen den Kanzler oder die Regierung zu entlassen. Wilhelm Miklas ist seinem Recht und seiner Pflicht, für eine verfassungstreue Regierung zu sorgen, nicht nachgekommen und hat damit 1933 die Ausrufung des austrofaschistischen Ständestaats ermöglicht. Ein Rücktritt des Präsidenten wäre somit in einer politisch gefährlichen Situation nicht wirklich der klügste Schritt.

Griss: Das sind zwei verschiedene Dinge. Es geht bei der von Ihnen zuerst gestellten Frage nicht darum, dass eine Regierung im Amt ist, die unser demokratisches System gefährdet, sondern darum, ob eine solche Regierung angelobt werden soll. Entlassen kann der Bundespräsident nur jemanden, der schon im Amt ist. Und da gebe ich Ihnen recht; es ist natürlich kein Ausweg, wenn der Bundespräsident sich scheut, den Bundeskanzler und die Regierung zu entlassen und stattdessen selbst zurücktritt. Der von mir als letzter Ausweg ins Spiel gebrachte Rücktritt des Bundespräsidenten kann nur dann in Frage kommen, wenn der Bundespräsident es nicht mit seinem Gewissen vereinbaren kann, die aufgrund des Ergebnisses der Nationalratswahl zustande gekommene Regierung anzugeloben. Hier geht es darum, ob sich der Bundespräsident über den Volkswillen hinwegsetzen darf – oder sogar muss – oder ob er nicht sein eigenes Amt zur Verfügung stellen muss, wenn er überzeugt ist, die Umsetzung des Ergebnisses der Nationalratswahl gefährde das demokratische System.

Wenn er dieser Meinung ist und zurücktritt, könnte er aber nach Ihrer Argumentation den Weg freimachen für eine Regierung, die das demokratische System gefährdet.

Griss: Nein. Denn das würde die Menschen doch aufrütteln und könnte den Weg frei machen für eine Neuwahl auch des Nationalrats.

Bleiben wir kurz noch bei den Freiheitlichen. Worauf führen Sie es zurück, dass ein Horst Seehofer in Bayern problemlos Aussagen über Flüchtlinge und Grenzschließungen machen kann, die einem Heinz-Christian Strache zu Beginn der Flüchtlingskrise in Österreich postwendend den Vorwurf der Fremdenfeindlichkeit und des Rechtsextremen einbrachten?

Griss: Ich führe das auf die Polarisierung zurück, die wir in Österreich seit Haider erleben. Bei der rot-blauen Regierung mit Steger oder der von Peter gestützten Minderheitsregierung von Kreisky hat es keinen Aufschrei gegeben. Aber Haider hat ganz stark polarisiert; er hat auf die Missstände in unserem System hingewiesen, das ja damals die beiden Regierungsparteien dominiert haben, und er hat gleichzeitig immer wieder den extremen rechten Rand durch gewisse Äußerungen und Anspielungen angesprochen. Diese Polarisierung schärft wiederum das Profil der anderen Parteien, was sich ja darin zeigt, dass sie sich in erster Linie durch ihre Abgrenzung zur FPÖ definieren. Das hat schon einige Male funktioniert. Da werden Wähler durch starke Abgrenzung bei der Stange gehalten und sogar Leihstimmen gewonnen.

Abgrenzung und Polarisierung sind Teil des politischen Wettbewerbs.

Griss: Das stimmt, aber jetzt ist es in der parteipolitischen DNA verankert. Das ist für mich der Grund, warum unser politisches Klima oft geradezu hysterisch ist. Strache und Haider sind aber ganz verschiedene Persönlichkeiten und nicht vergleichbar. Natürlich verwendet die FPÖ immer wieder ganz gezielt Sprüche, die aufregen, um damit Aufmerksamkeit zu erregen. Und ihre Rechnung geht voll auf, weil sich die anderen Parteien und die Medien geradezu darauf stürzen.

Wie wären Sie damit umgegangen, wenn die FPÖ Sie indirekt unterstützt hätte?

Griss: Ich habe von Anfang an gesagt, dass ich mich von keiner Partei finanziell unterstützen lasse. Gerade habe ich übrigens gelesen, dass jemand behauptet, ich müsste irgendwelche Hintermänner haben, die mich unterstützen, weil ich als unabhängige Kandidatin keine Chance hätte. Damit werde ich zu kämpfen haben.

Stichwort Hintermänner. Wer sind die Menschen, die Sie finanziell unterstützen und die Ihren Wahlkampf managen? Es stellt sich unweigerlich die Frage, wie sehr Sie sich Ihren finanziellen Förderern im Fall eines Wahlsiegs verpflichtet fühlen.

Griss: Diese Frage wurde mir schon mehrmals gestellt. Und da kann ich nur darauf hinweisen, dass wir bis auf den letzten Cent offenlegen, von wem wir Geld bekommen. Die Liste der Beiträge auf unserer Website wird ständig aktualisiert, und jeder kann nachlesen, wer wie viel gegeben hat. Da zeigt sich, dass das ganz verschiedene Menschen sind, Bekannte und Unbekannte. Menschen, die ich kenne, die mich kennengelernt haben, aber auch Menschen, denen ich nie in meinem Leben begegnet bin.

Wissen Sie, was ich mich im Laufe unserer Gespräche vor der Kirche, Ihrem Elternhaus, in der Werkstätte Ihrer Schwester immer wieder gefragt habe?
Griss: Was?

Warum Sie sich nicht zurücklehnen, das Leben genießen. Warum Sie in diesen Kampf ziehen, obgleich die Chancen mehr als gering sind.
Griss: Es schreiben mir viele oder sagen es mir direkt, dass sie mich wählen wollen, obgleich sie ihr Leben lang nur eine bestimmte Partei gewählt haben. Das motiviert. Und ich bin auch überzeugt, dass es dafür steht, den Menschen eine Stimme zu geben, die zu Recht mit der derzeitigen Politik unzufrieden sind. Die das Gefühl haben, so kann es nicht weitergehen, wir verspielen unsere Zukunft – und vor allem auch die unserer Kinder und Enkelkinder. Auch ich selbst bin überzeugt, dass wir etwas ändern müssen, dass die Unzufriedenen nicht ein Opfer von Populisten werden dürfen, die es rechts genauso gibt wie links. Denn dass wir Probleme haben, mit der Bildung, mit den Staatsfinanzen, mit dem Zustrom so vieler Menschen aus uns fremden Kulturen, liegt doch auf der Hand.

Der Bundespräsident kann weder die Ganztagsschule einführen noch Flüchtlinge abweisen oder Lehrpersonal zur Integration von Flüchtlingen einstellen.
Griss: Natürlich nicht, aber er kann auf die Probleme hinweisen, sachliche Diskussionen einfordern und zu

ausgewogenen Lösungen ermutigen. Ein Bundespräsident muss beides tun: mahnen und ermutigen.

Sie sagen, der Präsident sollte Mahner sein?
Griss: Er sollte Mahner sein, aber auch Mut machen.

Welcher Präsident war der größte Mutmacher für Sie?
Griss: Am stärksten beeindruckt haben mich die Bundespräsidenten meiner Kindheit, Schärf, Körner. Damals war der Bundespräsident jemand, der über allem gestanden ist. Im Klassenzimmer ist sein Bild neben dem Kreuz gehangen. Ich glaube, dass jeder Bundespräsident ehrlich bemüht war, seine Aufgaben bestmöglich zu erfüllen. Bei Waldheim war das schwierig.

Sie hätten es vorgezogen, wenn er nicht angetreten wäre?
Griss: Nein, denn sein Antreten hatte auch positive Auswirkungen. Österreich musste sich seiner Vergangenheit stellen. So hätte es wahrscheinlich die Zwangsarbeiterentschädigung ohne Waldheim-Diskussion in den 80er-Jahren nicht gegeben. Und es ist überhaupt zu einem Bewusstseinswandel gekommen. Österreich war für viele nicht mehr nur Opfer. Das ist schon eine wichtige Erkenntnis. Ein schaler Beigeschmack bleibt aber, weil die Waldheim-Vergangenheit aus parteipolitischen Überlegungen ausgegraben wurde und nicht deshalb, damit sich Österreich seiner Vergangenheit stellt.

Sie haben angekündigt, als Präsidentin sehr aktiv sein zu wollen. Die Parteien müssten sich bei einer Bundespräsidentin Irmgard Griss öfter auf eine Einmischung aus der Hofburg einstellen als bisher?
Griss: Das weiß ich nicht. Wir wissen ja nicht, was hinter den Kulissen passiert ist und ob sich die bisherigen Präsidenten nicht ohnehin auch stark eingebracht haben.

Wo sehen Sie die Probleme?
Griss: Ein erster Gewöhnungsprozess wird schon dadurch notwendig sein, dass wir noch nie einen Bundespräsidenten hatten, der seine Wahl nicht der Unterstützung durch eine Partei verdankt hat. Wir hatten auch noch nie eine Bundespräsidentin. An beides werden sich die Parteien, vor allem aber auch all jene, die über ein eingespieltes Netzwerk ihre Interessen verfolgen, gewöhnen müssen. Dazu kommt, dass der Bundespräsident eine vielschichtige Position hat. Einerseits ist er Staatsnotar, er unterschreibt die Gesetze und prüft, ob sie verfassungsmäßig zustande gekommen sind. Er vertritt die Republik nach außen, hat also eine ganz wichtige Vertretungsfunktion. Er ernennt den Bundeskanzler, gelobt die Regierung an und die höchsten Staatsfunktionäre. Und es gibt auch noch das Notverordnungsrecht, das ihm in einer Staatskrise eine ganz starke Position gibt und das Gott sei Dank noch nie angewendet werden musste.

Als Bundespräsidentin wären Sie auch Oberbefehlshaberin des Bundesheers. Sie haben für ein Berufsheer gestimmt. Warum?
Griss: Weil die derzeitige Situation völlig unbefriedigend ist. Nur der kleinere Teil der Wehrpflichtigen ent-

scheidet sich für den Wehrdienst, der Großteil wählt den Zivildienst. Aber auch wer den Wehrdienst ableistet, kann in der kurzen Zeit nicht so ausgebildet werden, dass er wirklich einsatzfähig ist. Wozu also das Ganze? Dazu kommt die immer wieder beklagte schlechte Ausstattung des Bundesheers. Würde ein Berufsheer eingeführt, könnte man sich nicht länger vor der Entscheidung drücken, welche Aufgaben das Heer erfüllen soll und welche Ausstattung es dafür braucht.

Viele werden sich fragen, wie ehrgeizig ist diese Frau?
Griss: Ich hatte immer den Ehrgeiz, alles, was ich mache, gut zu machen. Ob bei einer Lehrveranstaltung an der Uni, am Gericht oder in sonst irgendeiner Funktion. Aber mir ging es nie in erster Linie darum, eine bestimmte Position zu erreichen.

Sie mussten nie Ellbogen einsetzen?
Griss: Ich habe mein Licht nicht unter den Scheffel gestellt, bin auch nicht schüchtern, aber richtig gekämpft habe ich nie.

Sie haben die Amtsführung von Bundespräsident Heinz Fischer als hervorragend bezeichnet. Was konnte er bewegen?
Griss: Unser Bundespräsident ist für den überwiegenden Teil der Bevölkerung ein Bundespräsident, wie man sich ihn wünscht und vorstellt. Das zeigt das hohe Vertrauen, das er genießt.

Aber was glauben Sie verändern zu können, was der bisherige Bundespräsident nicht konnte?

Griss: Mir wäre es wichtig, auf Probleme hinzuweisen, die gelöst werden müssen, und darauf zu dringen, dass realistische Lösungsvorschläge erarbeitet werden. In der Hypo-Sache oder auch in der Flüchtlingskrise hätte man sich bereits wesentlich früher dem jeweiligen Problem stellen müssen.

Ein Bundespräsident soll hier eingreifen?

Griss: Er soll sagen, dass etwas geschehen muss.

„Wenn der Rechtsstaat Angst hat, setzt er sich selbst außer Kraft"

Seit Monaten wird auf nationaler wie internationaler Ebene versucht, die Flüchtlingskrise in den Griff zu bekommen. Wären Sie als Bundespräsidentin wie Heinz Fischer im Spätsommer 2015 am Wiener West-bahnhof gestanden und hätten die Flüchtlinge begrüßt?
Griss: Das ist eine Frage des persönlichen Stils. Die Menschen, die am Bahnhof erstmals in Sicherheit wa-ren, waren Menschen in Not. Die Geste des Präsiden-ten kann ich deshalb absolut nachvollziehen. Ob auch ich es gemacht hätte, kann ich nicht sagen.

Kann aber ein Bundespräsident eine solche Geste vertreten, wenn Menschen ohne Ausweis und unregistriert über die Grenze kommen?
Griss: Das Gleiche gilt für Angela Merkel und die Sel-fies, die mit ihr gemacht wurden. Es war eine Ausnah-mesituation, und es war großartig, wie viele Men-schen spontan geholfen haben. Politiker sollten sich aber auch in einer solchen Situation ihrer Verantwor-tung bewusst sein.

Sie meinen, ein Politiker sollte stärker als Verant-wortungsethiker und weniger als Gesinnungsethiker handeln?
Griss: Ein Politiker kann nicht immer dem nachgeben, was er von seiner Gesinnung her für richtig hält. Er muss in erster Linie Verantwortungsethiker sein und muss bei Gesten, wie der Begrüßung von Flüchtlingen am Bahnhof, die Konsequenzen seines Handelns mit-bedenken. Dass er oder sie sich als Mensch gedrängt fühlt zu helfen, ist absolut positiv. Helfen zu können gibt ja ein gutes Gefühl, und es ist etwas Schönes, wenn man jemandem beistehen kann. Wenn sich daher ein Politiker von der allgemeinen Stimmung, den Flüchtlin-

gen helfen zu wollen, mitreißen lässt, ist das menschlich verständlich. Gleichzeitig ist es aber auch kritisch zu sehen, weil es als Einladung interpretiert werden kann. Das ist das Dilemma. Es sollte zwar selbstverständlich sein, dass wir jene freundlich aufnehmen, die im Sinne der Genfer Konvention verfolgt sind und um Asyl ansuchen. Doch es kommen wesentlich mehr, die zwar auch um Asyl ansuchen, die aber nicht verfolgt sind. Die vielleicht auch deshalb kommen, weil sie meinen, sie seien willkommen. Tatsache ist, dass ein großer Teil von ihnen nicht zurück kann, weil Leib und Leben durch kriegerische Auseinandersetzungen bedroht sind. Ihnen kann subsidiärer Schutz gewährt werden. Die Herausforderung besteht darin, möglichst rasch zu klären, wer verfolgt oder gefährdet ist, und für wen keines von beidem zutrifft. Unser Interesse muss es sein, dass Menschen sich gar nicht erst auf den Weg machen. Das wird nur gelingen, wenn sie dort, wo sie sind, auch leben können. Daher muss man alles daransetzen, die Verhältnisse in den Herkunftsländern und auch in den großen Flüchtlingslagern in Jordanien, im Libanon und in der Türkei zu verbessern.

Sie sagen, Politiker könnten nicht nur gesinnungsethisch handeln. Glauben Sie, dass in der Flüchtlingskrise zu wenig verantwortungsethisch gehandelt worden ist?
Griss: Aus heutiger Sicht ja. Aus heutiger Sicht hätte man schon in der ersten Phase zurückhaltender sein müssen. Ich gebe aber zu, dass sich das heute leicht sagt. Denn im Herbst 2015 ging es ja zuerst einmal darum, Menschen zu versorgen, die sichtbar in Not waren. Menschen, die nichts hatten als das, was sie am Leib trugen, die hungrig waren, keinen Platz hat-

ten, an dem sie schlafen konnten. Jedem musste aber klar sein, dass die Kapazitäten beschränkt sind, wenn man die Menschen gut versorgen und auch integrieren will. Man hätte auch schon längst ein einheitliches Asylverfahren schaffen und eine einheitliche Asylpolitik verfolgen müssen.

Davon ist Europa weiter denn je entfernt.
Griss: Ich weiß nicht. Der Leidensdruck ist in einigen Mitgliedstaaten sehr groß. Sie werden Druck machen. Europa muss sich auf Mindeststandards in Asylfragen einigen. Und wir brauchen eine gemeinsame Asylbehörde. Sie müsste den Asylantrag prüfen und danach die Menschen aufteilen, je nach der Belastbarkeit der einzelnen Mitgliedstaaten.

Die Entwicklung geht doch in die entgegengesetzte Richtung. Ungarns Regierungschef Viktor Orban fühlt sich in Flüchtlingsfragen nach seinem Zaunbau an der Grenze – wie er sagt – überhaupt nur mehr als „Beobachter" in Brüssel.
Griss: Natürlich gibt es Gegenwind und nationale Egoismen. Aber unter dem Druck der Verhältnisse ist es auch auf anderen Gebieten zu Fortschritten gekommen.

Was haben Sie sich als ehemals oberste Richterin gedacht, als Zehntausende illegal durch Österreich marschierten oder in Spielfeld die Grenzpolizisten, die ihres Amtes walten wollten, einfach zur Seite geschoben und vor laufender Kamera drastisch allen die Aufhebung des Rechtsstaates vorgeführt haben?
Griss: Das war völlig unannehmbar und ist nicht zu rechtfertigen. Es ist sehr zweifelhaft, ob sich die Regierung auf eine Art übergesetzlichen Notstand berufen

kann. Denn es war absehbar, was auf uns zukommt. Nicht das ganze Ausmaß, aber man musste doch damit rechnen, dass Menschen nicht geduldig abwarten werden, wenn ihre Lebensgrundlagen mehr und mehr zerstört werden. Das Verhalten der Politik war extrem kurzsichtig, denn sie hat damit den Rechtsstaat außer Kraft gesetzt. Der Rechtsstaat ist aber die Grundlage unseres Zusammenlebens, ohne Rechtsstaat gibt es keine Zivilgesellschaft. Denn der Rechtsstaat bedeutet, dass das Recht regiert und nicht die Politik, wie es der englische Ausdruck *rule of law* so schön beschreibt. Wenn nun Menschen die Grenze überschreiten, ohne über ein gültiges Reisedokument und ein Visum zu verfügen, und auch gar nicht beabsichtigen, hier einen Asylantrag zu stellen, so ist das illegal. Man kann sie nicht einfach einreisen und durchreisen lassen. In jedem Fall muss festgestellt werden, um wen es sich handelt. Ein Staat, der seine Grenzen nicht schützt, obwohl auch die EU-Außengrenze nicht mehr geschützt wird, gibt sich selber auf und sieht sich offenbar nicht mehr als Rechtsstaat.

Für die Ausschaltung des Rechtsstaates reichte die Losung „Wir schaffen das" der deutschen Bundeskanzlerin und die Macht der Masse.
Griss: Als Mensch und als Christin kann ich das Verhalten von Angela Merkel absolut nachvollziehen. Als Politikerin hätte sie aber auch die kurzfristigen Auswirkungen stärker berücksichtigen müssen und sich nicht über das Recht hinwegsetzen dürfen. Andernfalls kann es extrem kritisch sein.

Was meinen Sie mit kritisch?
Griss: Man kann nicht ausschließen, dass sich viele auf den Weg gemacht haben, als sie von Deutschlands

Bereitschaft erfahren haben, syrische Flüchtlinge aufzunehmen. Daran hätte Merkel als Politikerin denken
müssen. Entweder haben wir einen Rechtsstaat oder
wir haben keinen. Man hätte nicht zulassen dürfen,
dass die Menschen unregistriert ins Land kommen. In
Deutschland soll es derzeit über 200.000 Menschen
geben, die nicht registriert sind. Das ist ein Pulverfass, das ist für einen Staat nicht akzeptabel. Was
macht denn die Qualität unserer Zivilisation aus?
Dass wir in einem Rechtsstaat leben. Das ist die
Grundlage für alles. Was heißt Rechtsstaat? Dass auch
die Politik an das Recht gebunden ist. René Marcic hat
gesagt, das Recht ist das Maß der Macht. Das heißt,
die Macht darf nur im Rahmen des Rechts ausgeübt
werden. Mit rule of law wird das viel deutlicher ausgedrückt. Das Recht regiert die Politik und nicht die Politik das Recht. Das ist das Wesen des Rechtsstaates.
Wenn sich die Politik darüber hinwegsetzt, dann sägt
sie am Fundament unseres Staates.

*Dann ist im Herbst 2015 ganz massiv am Fundament
gesägt worden.*
Griss: Ja. Bei uns wie in Deutschland. Man war aber
natürlich in einer Notsituation.

*Die Notsituation begründet aber nicht das Sägen am
Fundament?*
Griss: Nein, man hätte die notwendigen organisatorischen Voraussetzungen schaffen und die Ankommenden erfassen können und müssen. Wie es ja auch jetzt
geschehen soll. Dass man das nicht gemacht hat, kann
man mit einem Notstand nicht rechtfertigen.

Eine Registrierung wäre aber nur durch den stärke-
ren Einsatz des Bundesheers möglich gewesen. Bilder
eines Zusammenpralls zwischen Tausenden drängen-
den Flüchtlingen und dem Bundesheer wollte man
offensichtlich vermeiden.
Griss: Das verstehe ich. Wozu hat man dann aber ein
Bundesheer? Es wäre ja nur um einen geordneten Ablauf gegangen und nicht um Gewaltanwendung.

In Ungarn hat Orban, der die Demokratie immer
wieder als Teppichabstreifer benutzt, Grenzzäune
errichtet, um – wie er sagte – nicht überrannt zu
werden und die EU-Außengrenze zu sichern. Die Folge
waren wilde Tumulte an der Grenze und Steine
werfende Flüchtlinge.
Griss: Wenn der Rechtsstaat Angst vor Steine werfen-
den Menschen hat und seine Regeln nicht mehr durch-
setzt, setzt er sich selbst außer Kraft. Orban kann kein
Vorbild sein, wenn mit Flüchtlingen so umgegangen
wurde, wie die Medien berichtet haben, nämlich dass
Menschen gegen ihren Willen an Orte gebracht wurden, ohne sie über das Ziel zu informieren, und dass
sie auch sonst schlecht behandelt wurden. Es muss
aber klar sein, dass sich auch Flüchtlinge an die Ordnung halten müssen, die man ihnen vorgibt.

Was sollte ein Bundespräsident in einer eskalieren-
den Situation bei Zehntausenden Flüchtlingen an der
Grenze unternehmen? Soll er überforderten Einsatz-
kräften zurufen „Bewahrt mir den Rechtsstaat"?
Griss: Es ist sicher eine extrem schwierige Situation.
Der Bundespräsident kann der Regierung nicht befeh-
len, was sie zu tun hat, er kann nur mahnen und ermutigen.

Einer der schärfsten Vorwürfe gegen die deutsche Kanzlerin war jener der moralischen Überheblichkeit. Sie habe der EU ihre persönlichen Vorstellungen von Humanität aufgezwungen.

Griss: Es ist natürlich ein Problem, dass moralisch hochstehendes Handeln das Verhalten anderer als moralisch fragwürdig erscheinen lassen kann. Das ist unvermeidbar, kann aber kein Grund sein, sich – etwas scharf ausgedrückt – gleich schäbig zu verhalten wie die anderen.

Deutschland hat 2015 über eine Million Flüchtlinge aufgenommen, Österreich rund 100.000. Sie sprechen sich dennoch gegen Obergrenzen aus. Warum?

Griss: Es kann niemand bestreiten, dass die Integration dieser Menschen eine der größten Herausforderungen ist, die wir bisher zu bewältigen hatten. Dabei ist es völlig klar, dass auch in den nächsten Jahren Flüchtlinge kommen werden. Einfach eine Obergrenze festsetzen ist keine Lösung. Sie ist zwar ein Signal, dass Österreich nicht unbeschränkt Flüchtlinge aufnimmt. Wer aber im Sinne der Genfer Konvention verfolgt ist, muss aufgenommen werden, wenn Österreich seine Verpflichtungen einhalten will. Viele, die schon gekommen sind und noch kommen werden, sind keine Verfolgten in diesem Sinn. Sie sind Einwanderer und wollen, was ja verständlich ist, ihre Lebenschancen verbessern. Bei der Einwanderung muss es naturgemäß Grenzen geben. Was derzeit passiert, ist die völlige Durchmischung von Einwanderern und Flüchtlingen.

Was nahe liegt, wenn Tausende an einem Tag über die Grenze drängen und Polizei und Bundesheer sich auf die Funktion des Durchwinkens zurückziehen.

Griss: Deshalb muss auch alles getan werden, um möglichst rasch klären zu können, wer Anspruch auf Asyl hat, wem subsidiärer Schutz zu gewähren ist und für wen das nicht zutrifft. Die Verfahren müssen rascher abgewickelt werden.

Da bewegen wir uns jetzt aber sehr in der Theorie oder im Elfenbeinturm. Wie sollen bei Zehntausenden Flüchtlingen, die über die Grenze drängen, schnelle Asylverfahren durchgeführt werden?

Griss: Natürlich ist das schwierig. Aber es ist der einzige Weg, denn jeder Asylwerber hat einen Anspruch darauf, dass sein Fall individuell geprüft wird.

Es fordern viele wieder Zäune und Mauern wie an den Grenzen der USA zu Mexiko.

Griss: Wer wirklich kommen will, wird immer Mittel und Wege finden. Wichtiger als Zäune und Absperrungen wäre die Möglichkeit, in der Botschaft Asyl zu beantragen, sodass es für diese Menschen auch einen legalen Weg nach Europa gibt. Wichtig ist auch, die Menschen in den Herkunftsländern zu informieren. Sie sollten wissen, wie schwer es ist, in Europa Fuß zu fassen, und wie viele scheitern. Zwar braucht Europa Einwanderung, aber Europa muss sich die Menschen aussuchen können. Wer in Europa einwandern darf, sollte nicht davon abhängen, wie viel Geld er für die Bezahlung von Schleppern aufwenden kann.

Das Asylrecht ist für Sie völlig unverhandelbar oder müsste die Genfer Flüchtlingskonvention umgeschrieben werden?

Griss: Es gibt Bestrebungen, die Genfer Konvention neu zu verhandeln. Ich glaube aber nicht, dass unser Problem in der Definition des Asylgrundes oder in der Verpflichtung liegt, Menschen, die im Sinne der Konvention verfolgt sind, Asyl zu gewähren. Unser Problem ist es, dass eine große Anzahl von Anträgen individuell geprüft werden muss. An der individuellen Prüfung wird nicht zu rütteln sein. Die Verfahren müssen aber rascher abgewickelt und vereinheitlicht werden. Dann würde sich auch die Kapazitätsfrage nicht mehr stellen.

Sie bewegen sich wieder sehr in der Theorie.

Griss: Wir bewegen uns auch in der Theorie, wenn wir sagen, dass der Staat alle aufnehmen muss. Die Fähigkeit eines Staates, die Menschen auch tatsächlich zu versorgen, muss immer eine Rolle spielen. Es ist ein fundamentaler Rechtsgrundsatz, dass niemand über seine Fähigkeiten hinaus belastet werden kann. Das Recht kann keine Last auferlegen, die man nicht tragen kann. Ein Staat kann auch nach der Genfer Konvention nicht verpflichtet sein, so viele Verfolgte aufzunehmen, dass er die damit verbundenen Lasten nicht mehr bewältigen kann.

Das würde bedeuten, dass das Grundrecht auf Asyl durchaus verhandelbar wäre.

Griss: Verhandelbar ist nicht der richtige Ausdruck. Wir haben in Österreich streng genommen auch kein Grundrecht auf Asyl. Wem unter welchen Umständen Asyl zu gewähren ist, schreibt die Genfer Konvention fest. Jede Verpflichtung kann aber nur so weit reichen, als jemand überhaupt in der Lage ist, diese Verpflichtung zu erfüllen.

Wer definiert die Grenze der Belastbarkeit? Wo sehen Sie die Grenze?
Griss: Wenn jemand wegen eines persönlichen Merkmals verfolgt ist, muss ihm Asyl gewährt werden. Wer zwar nicht verfolgt ist, aber bei einer Zurück- oder Abschiebung einer ernsthaften Gefahr für sein Leben oder seine Unversehrtheit ausgesetzt ist, dem ist subsidiärer Schutz zu gewähren. Nach den bisherigen Erfahrungen erfüllt ein großer Teil der Flüchtlinge die Voraussetzungen für die Gewährung von Asyl oder für subsidiären Schutz nicht. Es handelt sich bei ihnen um Vertriebene, die wegen der kriegerischen Auseinandersetzungen ihre Heimat verlassen haben. In Bezug auf diese Menschen kann der Staat ein Kontingent festsetzen, er kann sagen, wie viele Menschen aufgenommen werden. Diese Zahl muss man danach festlegen, wie viele Menschen angemessen versorgt werden können. Bei ihrer Integration sollte es vor allem darum gehen, dass sie Fähigkeiten erwerben, die sie brauchen, um ihre Heimat wieder aufbauen zu können.

Muss Europa möglicherweise doch zur Festung werden, um vor den Grenzen entscheiden zu können, wer aufgenommen wird?
Griss: Europa wird seine Außengrenzen kontrollieren müssen, wenn es an den Binnengrenzen weiterhin keine Grenzkontrollen geben soll. Das ist die Grundlage von Schengen. Ohne ein abgegrenztes Staatsgebiet gibt es keinen Staat, und eine Grenze ist nur wirksam, wenn sie auch geschützt wird und sie nicht jeder nach

Belieben überschreiten kann. Orban hat die EU-Außengrenze auf seine Weise geschützt, kein schöner Anblick, aber wirksam.

Er hat das Gesetz erfüllt.
Griss: Bei Orban muss man aber auch seine Wortwahl sehen. Er sagt „Muslime brauchen wir nicht" und vieles andere. Die bloße Sicherung der Grenze kann man ihm nicht vorwerfen.

Alle Regierungschefs der EU erklären, dass die EU-Außengrenzen gesichert werden müssen und Sie sagen, man könne ihm das nicht vorwerfen?
Griss: Es ist ein Unterschied, ob die Grenze gesichert wird, um feststellen zu können, wer sie überschreitet, oder ob sie völlig dicht gemacht werden soll. Eine völlig dichte Grenze hält auch den ab, der verfolgt ist und das Recht hat, einen Asylantrag zu stellen. Ein Grenzzaun mit Stacheldrahtrollen ist ein abschreckendes Bild. Gesichert ist die Grenze auch, wenn es Grenzübertrittsstellen gibt und Grenzpatrouillen eingesetzt werden. Der Zaun ruft Bilder der Vergangenheit hervor und daher ist der Widerstand dagegen verständlich. Es ist auch wirklich eine schreckliche Vorstellung, wieder von Zäunen wie dem Eisernen Vorhang umgeben zu sein.

Bislang haben wir es genossen, in die weite Welt fahren zu können, jetzt kommt die weite Welt zu uns und das macht Angst.
Griss: Natürlich macht es Angst. Wenn ein Mensch früher im Urwald keine Angst vor dem Fremden gehabt hätte, hätte er nicht überlebt. Angst schützt auch. Es ist deshalb wichtig, Flüchtlinge kennenzulernen, aber auch zu wissen, wer kommt.

Die Angst vor Überfremdung wächst wie die Angst vor dem Erstarken rechter Parteien.

Griss: Rechte Parteien wecken die Illusion, der Staat könne sich abschotten und es könne alles wie früher sein, als wir noch mehr oder weniger unter uns waren. Das macht sie für viele attraktiv. In Wahrheit haben sie aber keine Lösung, das gilt auch für die populistischen Parteien am linken Rand. Der Fehler der gemäßigten Parteien ist wiederum, dass sie Probleme nicht offen ansprechen. Dass sie nicht sagen, diese Gefahr besteht, aber wir tun etwas dagegen. Die Leute beruhigt es nicht, wenn – wie bei den islamischen Kindergärten in Wien – gesagt wird, dass den Magistrat nur das pädagogische Konzept interessiert, nicht aber auch die Religion. Das ist einfach naiv. Und es ist keine schöne Vorstellung, Kindergärten zu haben, in denen Kinder von klein auf indoktriniert werden. Noch dazu Kindergärten, die von der öffentlichen Hand gefördert werden.

Seitens der Stadt Wien eine falsch verstandene Toleranz?

Griss: Das kann man so sagen. Ich glaube auch nicht, dass der Respekt vor unserer Kultur größer wird, wenn wir in allem nachgeben. Im Gegenteil, das wird als Schwäche ausgelegt. Die Kindergärten müssten überprüft werden, und wenn sich die Bedenken bestätigen, muss es Konsequenzen geben. Wir können nicht zulassen, dass sich Parallelgesellschaften bilden. Auch der Kompetenzcheck des AMS in Wien, bei dem Frauen und Männer getrennt geprüft wurden, ist ein schlechtes Signal.

Sehen Sie die Gefahr, dass unser Rechtssystem unterlaufen wird?
Griss: Die Tendenzen gibt es bereits. Und wir müssen dem entgegenwirken. Gefährlich sind islamistische Strömungen.

Sie meinen, wenn sie auch antisemitisch indoktriniert sind?
Griss: Unannehmbar ist für mich, wenn Muslime Ungläubige nicht als vollwertige Menschen akzeptieren. Genauso wenig ist es aber gerechtfertigt, Muslimen nicht zuzugestehen, ihre Religion zu leben, wenn dies unsere Grundwerte in keiner Weise infrage stellt. Für mich ist der Shitstorm gegen die Einführung von Halal-Fleisch bei Spar nur erklärbar, weil die Leute nicht wissen, was wirklich geschieht. Die Tiere werden ja vor dem Schächten betäubt. Und man wird auch nicht sagen können, dass die Tiere in unseren Schlachthöfen nicht leiden. Gegen Hass, von welcher Seite und gegen wen immer, muss man auftreten. Sonst kann die Sehnsucht nach dem starken Mann und nach einfachen Antworten entstehen.

Ein Polizeigewerkschafter in Deutschland meinte, der Rechtsstaat sei nur für Schönwettersituationen ausgerüstet, nicht für die jetzige.
Griss: Das wäre deprimierend; ich glaube auch nicht, dass es stimmt. Der Rechtsstaat gibt uns die Mittel, mit Krisensituationen fertig zu werden. Wir müssen sie nur nützen, und wir müssen auch bereit sein, mehr notwendige Ressourcen dafür bereitzustellen, wenn die Anforderungen steigen, wie etwa die Zahl der Asylverfahren. Geschieht das nicht, dann ist es natürlich schwierig, allem gerecht zu werden. Und natür-

lich ist die Herausforderung groß und kaum zu bewältigen, wenn plötzlich eine große Zahl unbegleiteter Minderjähriger zu versorgen ist. Wohin mit ihnen? Sie müssen in kleinen Gruppen untergebracht und besonders betreut werden. Die meisten sind noch dazu traumatisiert. Was fehlt, ist eine Strategie und ein Plan. Dazu muss man feststellen, wie die Situation jetzt ist und was wir erreichen wollen. Brauchen wir mehr Beamte, mehr Richter am Asylgerichtshof, mehr Lehrer? Gibt es genug Unterstützungspersonal an den Schulen? Sollen Mindestlöhne noch gelten oder sollen Asylwerber ihre Arbeitskraft billiger anbieten können, um eine Chance zu haben?

Sie sprechen die Mindestlöhne an. Ein soziales Minenfeld, wenn bei fast 500.000 Arbeitslosen in Österreich der Kampf um billige Jobs und billigen Wohnraum für sozial schlechter gestellte Einheimische durch die Konkurrenz von Asylanten noch größer wird?
Griss: Es ist ein Minenfeld, über das nicht gesprochen wird. Die Leute sind aber nicht so dumm. Sie wissen, wie schwierig es ist und fürchten, dass es noch schwieriger werden wird. Deshalb werden sie auch leicht Opfer populistischer Ansagen.

Sie meinen die FPÖ?
Griss: Populismus ist kein Monopol der FPÖ. Auch die anderen Parteien erliegen immer wieder der Versuchung, einfache Antworten zu geben. Beim Flüchtlingsthema punkten die Freiheitlichen schon allein dadurch, dass sie schon seit Monaten die Ängste der Menschen ansprechen, als andere noch erklärt hatten, es gäbe ohnehin keine Probleme.

Sie fordern ein einheitliches Vorgehen der Koalition. In der Steiermark hat die Sanierungspartnerschaft des Teams Voves/Schützenhöfer ein solches gemeinsames Vorgehen praktiziert. Von den Wählern wurde es allerdings nicht honoriert.

Griss: Wir wissen nicht, was das Ergebnis gewesen wäre, wenn es zum Zeitpunkt der Landtagswahlen im Frühling 2015 nicht die Flüchtlingskrise gegeben hätte. Ich habe die Sanierungspartnerschaft als absolut positiv empfunden. Ob man aus dem Wahlergebnis wirklich ableiten kann, dass die Reformen abgelehnt wurden, bezweifle ich.

Das steirische Wahlergebnis könnte aber auch als Wunsch der Wähler nach einem Wettstreit der Parteien auf offener Bühne interpretiert werden.

Griss: Jede Partei kann ja dennoch eigene Meinungen zu gesellschaftsrelevanten Themen vertreten, aber in einer Koalition muss ein gemeinsames Programm umgesetzt werden.

Bleiben wir noch kurz bei den Flüchtlingen. In Berlin wurde diskutiert, Wohnraum für Flüchtlinge zu beschlagnahmen.

Griss: Es gibt auch bei uns solche Diskussionen. Wer für eine solche Beschlagnahme ist, verkennt, wie wichtig die Akzeptanz der Flüchtlinge für die Integration und das friedliche Zusammenleben ist. Die Diskussion über eine Beschlagnahme von Wohnraum für Flüchtlinge rückt unsere derzeitige Situation in die Nähe eines Kriegszustands und verstärkt damit die Ängste, die ohnehin schon bestehen. Was wir aber jetzt brauchen, ist Gelassenheit, keine Hysterie.

„Ich will nicht wie eine Sprechpuppe agieren"

Am meisten, sagten Sie einmal, hätte Sie bei Ihrer Arbeit in der Hypo-Kommission und der darauf folgenden Begegnung mit Politikern der extreme Stellenwert der Pressesprecher und PR-Berater verwundert. War das nicht naiv?

Griss: Das könnte man sagen. In diesem Ausmaß habe ich es einfach nicht erwartet. Ich bekomme übrigens auch jetzt immer wieder Angebote, mich coachen zu lassen.

Was antworten Sie?

Griss: Ich höre mir alles an und bedanke mich auch für die Ratschläge. Bisher habe ich aber darauf verzichtet, mich coachen zu lassen. Denn ich glaube nicht, dass es etwas bringt, wenn man sich bis ins Detail auf alles vorbereitet und dann möglicherweise wie eine Sprechpuppe agiert. Ich kann jetzt aber eher nachvollziehen, warum sich Politiker so verhalten.

Warum?

Griss: Wenn jemand ehrlich sagt, was er sich denkt, und es entspricht nicht ganz dem, was erwartet wird, dann gibt es negative Reaktionen. Ich merke das jetzt selbst. Mehr oder weniger nichtssagende Aussagen werden aus dem Zusammenhang gerissen und medial aufgeblasen. Ein Beispiel: Bei einer Veranstaltung über alternative Streitbeilegung wurde ich in der Diskussion gefragt, wie die Schlichtung funktionieren kann, nachdem ein Referent die Mängel des Gesetzes kritisiert hatte. Meine Antwort war, dass ich mich nie durch Gesetze so habe einschränken lassen, dass ein unsinniges Ergebnis herauskommt, weil es immer einen Spielraum gibt. In der Zeitung stand als Überschrift über dem Bericht: Griss: *„Habe mich von Gesetzen nie einschränken lassen".*

Das hat Sie überrascht?
Griss: Natürlich, denn der wesentliche Teil war weggelassen. Der Teil nämlich, in dem ich sagte, dass ich immer um eine vernünftige Auslegung bemüht war. So aber wurde der Eindruck erweckt, ich hätte mich über Gesetze hinweggesetzt.

Das spricht für Presseberatung und Coaching.
Griss: Ich weiß nicht. Denn auch nach einem Gespräch mit einem Presseberater oder einem Coach hätte ich das Gleiche gesagt.

Sie wollen sich nicht coachen lassen?
Griss: Nein, denn das ist eine Gratwanderung. Ich will nicht ausschließen, dass es jemand schafft, sehr professionell zu sein und gleichzeitig authentisch zu bleiben. Ich halte es eher mit Harry Rowohlt, der gesagt hat: Sagen, was man denkt. Und vorher was gedacht haben.

Politik ist aber auch eine Ware, die verkauft werden muss. Professionelle Kommunikation gehört dazu. Selbst der Polit-Profi Heinz Fischer hat in seinem ersten Präsidentschaftswahlkampf vor der ORF-Konfrontation mit Ferrero-Waldner das Gespräch vorher mit Sonja Wehsely in der Rolle von Ferrero-Waldner durchgespielt.
Griss: Das kann sicher eine gute Übung sein. Für mich ist aber wesentlich, als der Mensch, der ich bin, das zu kommunizieren, wofür ich stehe. Es bringt nichts, wenn die Kommunikation perfekt ist, aber der Mensch nicht dahintersteht. Denn letztlich muss es um die Sache gehen. Aber es ist natürlich richtig, dass es nichts hilft, die beste Ware zu haben, wenn sie niemand kennt und sie daher im Lager bleibt. Ich glaube aber,

dass ich als ehemalige Richterin eine gewisse Kommunikationserfahrung mitbringe. Wenn man nämlich als Richter nicht in der Lage ist zu kommunizieren, kann man zusperren.

Eher kann man als Politiker zusperren. Als Richter kann man nicht abgewählt werden.
Griss: Das stimmt, die Rechtsuchenden zahlen aber den Preis dafür, wenn ein Richter das nicht kann.

PR-Berater werden Sie dennoch brauchen.
Griss: Ich spreche mit vielen, bin interessiert und für Ratschläge offen. Bei all den Empfehlungen, sich coachen zu lassen, darf man natürlich eines nicht übersehen: Dass das eine Branche ist, die sehr stark davon lebt, den Bedarf zu schaffen, den sie dann befriedigt.

Sie treten im Wahlkampf mit dem Slogan „ehrlich zu Österreich" an. Provozieren Sie damit nicht den Eindruck, dass andere Kandidaten unehrlich sind?
Griss: Ich glaube nicht, dass wir sagen können, in der österreichischen Politik sei Ehrlichkeit selbstverständlich. Jedenfalls ist das nicht der allgemeine Eindruck. Für mich ist Ehrlichkeit der wesentliche Wert für einen selbst und für das Verhältnis zu anderen. Man muss ehrlich zu sich selbst sein, um darauf kommen zu können, wer man eigentlich ist. Wenn man das – zumindest annähernd – schafft, fällt es auch leichter, sich in andere hineinzuversetzen. Beides – sich selbst erkennen und sich in andere hineinversetzen – sind Fähigkeiten, die für ein friedliches Zusammenleben ganz entscheidend sind. Das gilt für das private Leben, es gilt genauso für die Politik. Es darf Menschen nichts vorgemacht werden.

Sie treten auch mit den Anspruch an, mutig zu sein.
Haben Sie in Ihrem Leben je Mut benötigt?
Griss: In meinem privaten Leben hat der Wechsel aus einem Single-Dasein in eine Patchwork-Familie im Alter von fast 40 Jahren sicher einen gewissen Mut erfordert. Und auch der Kommissionsbericht ist ja nicht gerade ein Zeugnis für mangelnden Mut.

Was hätten Sie befürchten müssen?
Griss: Mit unserem schonungslosen Bericht, der auf nichts und niemanden Rücksicht nimmt, haben wir jedenfalls jene enttäuscht, die sich gar nicht vorstellen konnten, dass eine von der Regierung eingesetzte Kommission so klare Worte finden würde. Für österreichische Verhältnisse war das jedenfalls mutig, auch wenn keine unmittelbaren Sanktionen zu befürchten waren. Natürlich hätte mir niemand meine Pension wegnehmen können, aber dass man versucht, mich schlecht zu machen, an meiner Unabhängigkeit zu kratzen, damit musste man wohl rechnen. Und die Aufregung über die nicht mehr vorhandenen Gesprächsnotizen und Protokolle zeigt ja, wozu man fähig ist, wenn man jemandem schaden will. Als Richterin ist es mir auch nie schwer gefallen, so zu entscheiden, wie ich es für richtig gehalten habe.

Als Richterin waren Sie immer geschützt.
Griss: Richtersein ist eine Charaktersache. Man kann nicht ausschließen, dass sich jemand aus Karriererücksicht stärker anpasst und so verhält, wie er glaubt, dass es für ihn günstig ist, obwohl er eigentlich anders denkt. Er kann sich mit Kritik an Zuständen in der Justiz zurückhalten, weil er den Minister oder die Ministerin nicht vergrämen will. Das gilt na-

türlich weniger für Richter, die nur in der Rechtsprechung tätig sind, als für jene, die etwa als Präsidenten Aufgaben in der Justizverwaltung zu erfüllen haben. Ich habe mich jedenfalls nie zurückgehalten, weder gegenüber dem Ministerium noch gegenüber den Parteienvertretern.

Sie werden als unabhängiger Geist beschrieben, der sich nie etwas vorschreiben lassen hat. Wie schwierig ist ein solcher unabhängiger Geist?
Griss: Das müssen eher die beurteilen, die mit mir zusammenleben oder mit mir zusammenarbeiten. Ich habe mir jedenfalls immer eine eigene Meinung gebildet. Ob ich bereit war, davon abzugehen, hing sehr stark davon ab, wie überzeugend die Gegenargumente waren. Ich war und bin sicher nicht lernunfähig und beratungsresistent, aber ganz leicht ist es sicher nicht, mich von etwas zu überzeugen, das mir nicht einleuchtet.

Sie wollen sich nicht davon überzeugen lassen, dass der Stellenwert von Ehrlichkeit und Moral in der Politik ein anderer ist als anderswo?
Griss: Ehrlichkeit ist eine Grundvoraussetzung. Man kann manche Menschen alle Zeit, manche Menschen eine gewisse Zeit, aber nicht alle Menschen alle Zeit täuschen.

Politiker denken im Turnus von Legislaturperioden.
Griss: Das ist ja der Fehler. Er führt dazu, dass langfristige Projekte gar nicht erst in Angriff genommen werden. Auf der anderen Seite brauchen wir natürlich eine Begrenzung der Regierungszeit. Denn ohne die Möglichkeit, Politiker abzuwählen, kann die Demo-

kratie nicht funktionieren. Gleichzeitig führt die Begrenzung aber dazu, dass kurzfristig gedacht wird. Oft ist die Politik aber noch kurzatmiger. Sie richtet sich nach den Umfragen und macht das, von dem sie glaubt, dass sie damit die Wähler bei der Stange hält oder neue Wähler gewinnt. Das Dilemma ist natürlich, dass die Politik auf die Zustimmung der Menschen angewiesen ist. Dennoch sollten Politiker nicht ständig danach schielen, ob etwas bei den Wählern gut ankommt.

Ein Politiker kann nicht agieren wie ein CEO.
Griss: Eigentlich sollte er das aber. Auch ein Unternehmenschef muss die Beschäftigten mitnehmen, wenn er erfolgreich führen will. Und er muss auch die Aktionäre überzeugen.

Aber er wird nicht gewählt und muss nur Aktionären, die eindeutige Interessen haben, entsprechen. Ein Politiker muss unterschiedlichste Interessen unter einen Hut bekommen.
Griss: Deshalb brauchen wir auch verschiedene Parteien, die verschiedene Interessen vertreten. Unter diesen Parteien sollte es einen fairen und sachlichen Wettbewerb geben, damit es zu ausgewogenen Lösungen kommt. Politiker sollen sich nicht von der Angst beherrschen lassen, Wählerstimmen zu verlieren, und sie sollen auch nicht um jeden Preis, auch den der Ehrlichkeit, an ihrem Amt kleben. Es werden oft unglaubliche intellektuelle Opfer gebracht, weil man hofft, damit an der Macht zu bleiben.

Macht verführt. Welche Politiker würden Sie als
angstfrei bezeichnen?
Griss: Angela Merkel scheint keine Angst zu haben,
das zu vertreten, was sie für richtig hält.

Bis zu Ihrem Ruf „Wir schaffen das" wurde Sie eher
als Taktikerin, Zauderin, Moderatorin gesehen.
Griss: Ich habe dieses abwertende Urteil immer als
ungerechtfertigt empfunden. Ein vernünftiger Mensch
muss ja nachdenken und kann Lösungen nicht einfach
aus dem Ärmel schütteln. Das stört natürlich die Medien, weil die Ausbeute an zugkräftigen Schlagzeilen
geringer ist.

Es fehlen Ihnen Politiker, die über die morgige Ausga-
be der Tageszeitung hinaus denken?
Griss: Politiker, die Probleme nicht wegschieben, sondern sie offen ansprechen und sachlich darüber dis-
kutieren.

Die Frage ist, ob Politik alles lösen kann.
Griss: Sie kann nicht alles lösen, aber ohne Politik gibt
es für viele Probleme keine Lösungen. Um zu Lösungen zu kommen, muss Politik gestalten, muss überzeugen.

Sie wünschen sich mehr Ehrlichkeit. Macht lässt
Ehrlichkeit aber oft nur begrenzt zu.
Griss: Das ist kein Widerspruch. Gerade der Mächtige
kann sich Ehrlichkeit leisten. In einer demokratischen
Gesellschaft wird Macht nur dann von Dauer sein,
wenn sie ehrlich mit den Menschen umgeht und daher
akzeptiert wird. Natürlich wird ein Politiker nicht immer alles sagen, was er weiß. Wenn er aber wider bes-

seres Wissen etwas sagt und bewusst täuscht, dann ist eine Grenze überschritten.

Tarnen und Täuschen sind Bestandteil des politischen Wettstreits.
Griss: Ist das so? Geht es nicht auch anders? Ist nicht auch eine Politik möglich, die darauf verzichtet und den Menschen offen sagt, worum es geht?

In der Frage der Sicherung der Pensionen wird hurtig getarnt und getäuscht.
Griss: Jedenfalls gewinnt man diesen Eindruck. Denn es ist wirklich eine Milchmädchenrechnung, dass bei steigender Lebenserwartung auch länger gearbeitet werden muss. Und dennoch scheut man sich, das klar auszusprechen und die notwendigen Maßnahmen zu setzen. Man glaubt offenbar, die Wahrheit sei den Menschen nicht zumutbar. Ich bin aber überzeugt, dass sie den Menschen nicht nur zumutbar, sondern auch geschuldet ist.

Welcher strategisch denkende Politiker wagt eine Wahrheit, die einer großen Wählergruppe Einschnitte zufügt?
Griss: Ich glaube, es ist weniger strategisches Denken als ganz einfach Angst. Man fürchtet, Wähler zu vergrämen. Dabei wissen die Leute ja, dass es so nicht wird weitergehen können. Viele junge Leute gehen nicht davon aus, auch selbst einmal eine Pension zu bekommen, und sind daher gar nicht daran interessiert, in dieses System einzuzahlen. Viele Pensionisten haben Kinder und Enkelkinder und verstehen, dass es einen fairen Ausgleich zwischen Jung und Alt geben muss. Es ist daher keineswegs ausgeschlossen,

die Menschen auch in diesem Bereich für eine ehrliche sachorientierte Politik zu gewinnen.

Seniorenvertreter werden einwerfen, dass Sie mit Ihrer Höchstpension leicht über Pensionsreformen reden.
Griss: Als ehemalige Richterin bin ich natürlich in einer komfortablen Situation. Auch deshalb, weil ich bis 65 arbeiten durfte. Denn es gibt Frauen, die daran interessiert wären, länger zu arbeiten, aber mit Erreichen des Pensionsalters, das ja in der Privatwirtschaft niedriger ist, gekündigt werden. Ich finde, es sollte eine Zeitspanne von mehreren Jahren geben, und zwar bis über 65 hinaus, in der jemand entscheiden kann, ob er noch weiterarbeiten oder schon aufhören will. Mit der Konsequenz, in dem einen Fall einen Zuschlag zur Pension zu erhalten, in dem anderen Fall muss er Abschläge hinnehmen.

In der Politik geht es weniger um Fakten als um Interessen.
Griss: Deshalb ist Transparenz wichtig. Die Interessen müssen offengelegt werden. Es ist deshalb auch gut, verschiedene Parteien zu haben.

Was schätzen Sie an der FPÖ?
Griss: Wenn kein Bedürfnis nach freiheitlicher Politik vorhanden wäre, hätte die FPÖ nicht so viele Wähler. Sie betont bestimmte Werte wie Heimat, Sicherheit, Ordnung.

Sie identifizieren sich mit diesen Werten?
Griss: Mit den Werten schon, aber nicht mit dem Stil, mit dem sie oft vertreten werden. Die FPÖ weckt die

Illusion, es gäbe einfache Lösungen für die komplexen Probleme, die sich uns stellen. Und sie polarisiert, indem sie immer wieder eine Sprache verwendet, die als verhetzend empfunden werden kann.

Werden SPÖ und ÖVP der Komplexität der Probleme gerecht?
Griss: Offenbar nicht. Denn die Menschen haben nicht das Gefühl, dass unser Land bei ihnen in guten Händen ist. Das ist mit ein Grund für den Erfolg der FPÖ.

Welche Partei wird denn der Komplexität am ehesten gerecht? Die Neos?
Griss: Die Neos haben für einige Bereiche, wie vor allem für die Bildung, überzeugende Programme entwickelt. Aber an Programmen herrscht insgesamt kein Mangel. Die entscheidende Frage ist die Umsetzung.

Höre ich eine Sympathie für die Neos heraus?
Griss: Die Neos stehen für eine neue Politik, und das ist positiv. Sie bringen Bewegung in die Parteienlandschaft. Aber sie haben noch einen langen Weg vor sich, wenn sie in ganz Österreich erfolgreich sein wollen, und auch bei ihnen wird es Verschleißerscheinungen geben. Die Mühen der Ebene zwingen zu Kompromissen.

Sie waren bei den Neos eingeladen. Einige waren begeistert, andere vermissten eine stärkere Abgrenzung zur FPÖ.
Griss: Ich habe gesagt, was mich an der FPÖ stört. Ich kann aber nicht sagen, dass ich alles ablehne, was die FPÖ vertritt. Denn das stimmt nicht. Die FPÖ tritt für Sicherheit und Ordnung ein; das sind Werte, die auch

ich für wichtig halte. Man muss der FPÖ auch zugute-halten, dass sie auf Probleme hinweist, die sich nicht wegleugnen lassen.

Bei den anderen Parteien vermissen Sie dies?
Griss: Die Flüchtlingskrise ist das beste Beispiel. Bei-de Regierungsparteien haben sich lange gescheut, die Probleme auch nur anzusprechen. Bei den Grünen fällt mir auf, dass sie dem Staat gegenüber sehr skep-tisch sind, was ja auch eine gewisse Berechtigung hat.

Kein Grüner ist gegen einen funktionierenden Rechts-staat.
Griss: Die Frage ist, wie viel man dafür aufzuwenden bereit ist. Das gilt genauso für die Sicherheit. Was ist uns unsere Sicherheit wert? Wie lösen wir den Kon-flikt zwischen Freiheit und Sicherheit? Wie schwierig es ist, hier einen angemessenen Ausgleich zu finden, zeigt die Diskussion um die Vorratsdatenspeicherung.

Haben Sie je Grün gewählt?
Griss: Ja.

Was hat Sie überzeugt?
Griss: Der Einsatz für die Umwelt, für einen maßvol-len Umgang mit den Ressourcen. Dazu gekommen ist auch die geringe Attraktivität der anderen Parteien, vor allem der ÖVP.

Sie zählen zum Lager der traditionellen ÖVP-Wähler, die ein einziges Mal nicht ÖVP gewählt hat?
Griss: Nein, ich habe schon öfter eine andere Partei gewählt.

Was hat Sie bei der ÖVP so enttäuscht, dass Sie Grün wählten?

Griss: Ich hatte und habe das Gefühl, dass die ÖVP in vielen Bereichen durch innerparteiliche Interessengegensätze blockiert ist und daher nicht in der Lage ist, wirklich Lösungen anzubieten und auch umzusetzen. Was die Werte betrifft, stimme ich in vielem mit der ÖVP überein. Ich bin für den Rechtsstaat, für Ordnung und Sicherheit, aber auch für ein durchlässiges Bildungssystem, die Gleichstellung von Mann und Frau.

Wer ist das nicht?

Griss: Das Eintreten dafür muss sich aber auch in der Regierungspolitik zeigen oder in der Erstellung der Listen.

Die Grünen sind bei der Gleichstellung am besten aufgestellt.

Griss: Sie neigen aber zum Moralisieren. Es bringt nichts, den Gegner immer an moralischen Maßstäben zu messen. Wir sind die Guten, die anderen die Bösen.

Die SPÖ haben Sie nie gewählt, obwohl Sie für Chancengleichheit sind?

Griss: Bei der SPÖ gibt es Machtstrukturen, die mir nicht gefallen, in Wien wie im Bund. Es ist eine Tatsache, dass bestimmte Medien sehr stark von Inseraten profitieren, die von Unternehmen im Einflussbereich der Stadt Wien oder eines sozialistisch geführten Ministeriums vergeben wurden und zum Teil auch noch werden.

Sie meinen, Meinung wird gekauft?

Griss. Das kann man so sehen. Für die Demokratie ist das schädlich, denn sie kann nur funktionieren, wenn die Bürger informiert und nicht manipuliert werden. Doch wer an der Macht ist, scheut oft keine Mittel, um seine Macht zu erhalten.

Der englische Historiker Lord Acton hat einmal gesagt, Macht hat die Tendenz zu verderben, absolute Macht verdirbt absolut.
Griss: Das ist auch so. Deshalb ist es gut, dass es verschiedene Parteien und auch einen politischen Wechsel gibt. Der politische Wettbewerb muss aber auf der Sachebene stattfinden und nicht nur auf der ideologischen Ebene.

Sie sagen, dass eine große Koalition eher zur Erstarrung führe als eine Minderheitsregierung. Sie sehen eine SP-VP-Koalition nur als Notlösung wahlarithmetischer Zwänge und nicht als ideale Regierungspartnerschaft?
Griss: Die Regierung ist mit dem Versprechen angetreten, als große Koalition die großen Probleme zu lösen. Dieses Versprechen hat sie bisher nicht eingelöst. Unser Wahlrecht erschwert klare Mehrheiten und sollte daher geändert werden. Eine weitere notwendige Änderung wäre ein stärkeres Persönlichkeitswahlrecht. Denn jetzt fühlen sich die Abgeordneten in erster Linie der Partei verantwortlich und nicht den Wählern. Eine große Koalition ist gerechtfertigt, wenn sie etwas bewegt.

Hat schwarz-blau mehr bewegt?
Griss: Sie haben einige Reformen zustande gebracht, die Pensionsreform, die Zwangsarbeiterentschädigung, die Autonomie der Universitäten. Das wäre wahrscheinlich in einer Koalition mit Parteien, die

sich unterschiedlichen Wählergruppen verpflichtet fühlen, schwer möglich gewesen. Schwarz-blau war jedenfalls dynamischer als die Koalitionsregierungen davor. Und noch etwas ist passiert. Die FPÖ hat Wähler verloren, weil es etwas anderes ist, aus der Opposition heraus Forderungen zu stellen und Versprechen zu machen, als in der Regierung zu sein und die Beschlüsse mittragen zu müssen. Ich glaube daher auch nicht, dass populistische Parteien keinesfalls in einer Regierung sein dürfen. Unsere Demokratie hält das aus. Populistische Ansagen gibt es übrigens in allen Parteien. Wir wissen auch nicht, ob vor der nächsten Wahl nicht wieder ein Pensionistenbrief wie unter Franz Vranitzky geschrieben wird.

Sie haben nie SPÖ gewählt. Spielt da Ihre Sozialisierung am Bauernhof mit?
Griss: Sicher, obwohl mein Vater einmal aus Ärger über die ÖVP Kreisky gewählt hat. Wenn man auf einem Bauernhof aufwächst, gibt es keine Gewerkschaft. Man muss selber schauen, wie man durchkommt. Man ist auf sich allein gestellt. Das ist ein natürlicher Gegensatz zur SPÖ, bei der die Eigenverantwortung jedenfalls nicht im Vordergrund steht. Im Extremfall kann das zur Entmündigung führen, wenn den Menschen alles abgenommen wird. Ich bin sehr für Eigenverantwortung. Es bringt den Menschen viel, wenn sie selbst etwas schaffen. Wenn jemand schwach ist, muss man ihm natürlich helfen. Aber wesentlich ist, Menschen stärker zu machen und sie nicht in Abhängigkeit zu halten. Wer von mir abhängig ist, über den übe ich Macht aus. Das stört mich. Jeder soll in die Lage versetzt werden, sein Leben selber zu gestalten.

Historisch gesehen wäre vieles nicht möglich gewesen ohne Sozialdemokratie.

Griss: Das stimmt, das ist nicht zu leugnen Aber heute ist die Situation anders. In einem gewissen Sinn ist die Sozialdemokratie ein Opfer ihres eigenen Erfolgs.

Sie plädieren für mehr Individualismus. Zu viel Individualismus würde aber jedes Solidarsystem sprengen.

Griss: Das ist wieder eine Gratwanderung.

Noch eine Gratwanderung.

Griss. Das ist das Leben. Es ist nicht alles gut oder alles schlecht. Man muss immer einen Ausgleich suchen, einen Ausgleich zwischen Solidarität und Eigenverantwortung. Wenn ich Menschen in die Lage versetze, für sich selbst Verantwortung zu übernehmen, ist auch das ein Akt der Solidarität. Wer es trotzdem nicht schafft, für den muss eine solidarische Gesellschaft sorgen. Das soziale Netz darf aber keine Hängematte sein, denn das kann Menschen hindern, etwas aus ihrem Leben zu machen. In Finnland gibt es ein interessantes Experiment: Man untersucht, wie es sich auf die Gesellschaft auswirkt, wenn jeder ein bedingungsloses Grundeinkommen bekommt.

Ehrlichkeit bedeutet, nach dem Gewissen zu handeln. Wie viel Gewissen kann sich ein Politiker erlauben?

Griss: Es ist keine Frage, dass ein Politiker ein Gewissen wie jeder andere Mensch haben muss. Was er sagt und was er tut, muss er mit sich als Mensch ausmachen. Kann ich es mit meinem Gewissen vereinbaren zu sagen, dass es bei den Pensionen keine Probleme gibt? Wenn jemand meint, das Ziel rechtfertige jedes

Mittel, wird er selbst eine Lüge als gerechtfertigt ansehen. Das muss aber jeder mit sich ausmachen. Mein Zugang ist das nicht.

Göring hat gesagt, er habe kein Gewissen, sein Gewissen heiße Adolf Hitler.
Griss: Eine völlige Selbstaufgabe.

Heute könnte es heißen: Mein Gewissen ist die SPÖ oder die ÖVP.
Griss: Es könnte auch heißen: Mein Gewissen ist die Lehre der Kirche, und ich selbst muss gar nicht mehr fragen, was richtig oder falsch ist. Auch damit gibt man sich als für sich selbst verantwortlicher Mensch auf.

Dann entwickelt sich eine Schweigespirale, weil man nicht mehr ausspricht, was Sache ist.
Griss: Solche Menschen haben auch keine Gewissenskonflikte, denn sie hinterfragen ja gar nicht, was sie denken und tun.

Max Weber meinte, keine Ethik der Welt könnte begründen, wann welches Mittel durch ein bestimmtes Ziel gerechtfertigt ist.
Griss: Man wird nicht sagen können, dass kein Zweck ein an sich verwerfliches Mittel rechtfertigen kann. Nehmen wir den Fall, in dem ein Kind in Deutschland entführt wurde und der Polizeichef dem Entführer mit Gewaltanwendung drohte, wenn er ihm nicht sagt, wo sich das Kind befindet. Er hoffte, damit das Kind retten zu können. Rechtfertigt das die Drohung mit Folter? Das Folterverbot ist ein absolutes Gebot.

Der Polizeichef hat rechtlich falsch, aus moralischer Sicht richtig gehandelt?

Griss: Für mich hat er als Mensch richtig gehandelt. Der Europäische Gerichtshof für Menschenrechte hat das anders gesehen und gesagt, dass eine Verletzung des Folterverbots nie gerechtfertigt werden kann.

In der Theorie ist dies nachvollziehbar, in der Praxis nicht. Der Polizeichef hat mit aller Macht versucht, das Leben dieses entführten Buben zu retten. Hätten Sie mit Folter gedroht in dieser Situation?

Griss: Ja, das kann ich mir vorstellen. Ich hätte alles versucht, um das Kind zu retten. Die Ethik und das Recht sind für den Menschen da und nicht der Mensch für die Ethik und das Recht. Das sind nicht göttliche Gebote, von einer höheren Macht gegeben und unverhandelbar. Das Problem dabei ist: Wehret den Anfängen. Auf der sicheren Seite ist man, wenn man sagt: Es gibt keine Ausnahmen. Es ist viel schwieriger zu sagen: Ja, das ist an sich ein absolutes Gebot, aber es kann Extremfälle geben, in denen es nicht gilt. Ich glaube, man muss den Menschen sehen – immer.